Max Löwenthal

DOPPELADLER UND HAKENKREUZ

Erlebnisse eines österreichischen Diplomaten

W0066713

Wort und Welt Verlag, Innsbruck

Copyright © by Wort und Welt
Buchverlagsges.m.b.H. & Co.K.G.
ISBN 3 85373 089 2
Alle Rechte, auch die des auszugsweisen Nachdrucks,
der fotomechanischen Wiedergabe
und der Übersetzung, vorbehalten.
Gesamtherstellung: Wiener Verlag, Himberg bei Wien
Printed in Austria 1985
Abbildung auf der Rückseite des Umschlags von rechts nach links:
Bundeskanzler Dr. Kurt Schuschnigg, Außenminister Graf Galeazzo
Ciano, Staatssekretär für Auswärtige Angelegenheiten Dr. Guido
Schmidt
(Wien, November 1936)

Inhalt

Vorwort

»Es wär' doch eine Sünd', eine gute Geschichte nicht zu erzählen, nur weil sie nicht wahr ist.« Diese Ansicht eines Jugendfreundes teile ich nicht. Auch in den persönlichen Teilen dieses Berichtes ist nichts erfunden, nichts hinzugefügt, nichts auf Kosten der Wahrheit ausgeschmückt. Jede Person, jede Begebenheit ist so wiedergegeben, wie es meiner Erinnerung entspricht. Im Ersten Weltkrieg hörte ich die Frontberichte wirklich vom Haudegen Piz und vom Skeptiker Piffili. Und, als dann die Ordnung des Doppeladlers zerschlagen war, sang der kroatische Landpfarrer wirklich: »Schatz, ich bitt' Dich, komm heut' Nacht.« Und der »grüne Kader« zog wirklich plündernd und brandschatzend durch das Land. Die stämmige Hausdame meiner Großmutter tanzte den Schleiertanz wirklich und die schwierige Stute Legra behandelte mich wirklich lieblos. Später begegnete mir das »Mädchen Mozartsonate« wirklich und die dunkle Levantinerin auch. Und ich wurde wirklich von der Musik geprägt.

Die politischen Ereignisse zur Zeit meiner Kindheit erzähle ich so, wie sie mir damals entgegenkamen. Die Ermordung des Ministerpräsidenten Graf Stürgkh, des Vorgesetzten meines Vaters, von dem er oft gesprochen hatte, machte auf mich einen fürchterlichen Eindruck; der Tod des alten Kaisers gar keinen.

Ein echtes politisches Interesse wurde in mir dann durch den mißglückten Bierkellerputsch Adolf Hitlers (8. XI. 1923) geweckt. Dieses Ereignis erhitzte die Phantasie der Obergymnasiasten. Wir begannen zu diskutieren. In abendlichen Gesprächen mit meinem Vater verarbeitete ich dann, was mich beschäftigte.

Gertrud von Le Fort teilt die Historiker in solche ein, die dabei waren, und solche, die nicht dabei waren. In meinen Studienjahren und dann bis zur Entsendung nach Prag war ich bei der inneren Entwicklung in Österreich dabei. Ich war einer der Studenten, die in materieller Beengtheit, ohne sichtbare Zukunftschancen, zwischen den für junge Menschen wenig anziehenden, frommen und biederen bürgerlichen Parteien, den durch die Schaffung einer Parteiarmee demokratisch nicht überzeugenden Sozialdemokraten, den bodenständigen, etwas nach »Zigeunerbaron« schmeckenden Heimwehren und dem hereinbrechenden Nationalsozialismus einen Weg suchten.

Während meiner Dienstzeit in Prag und in Paris war ich dann den Ereignissen in Österreich fern. Gewiß ist der Diplomat nie ganz im Ausland. Der ständige Kontakt mit dem Ministerium und die täglichen Besuche aus der Heimat ergänzen, verlebendigen und korrigieren die Zeitung. Und doch! Miterleben ist etwas anderes. Daher habe ich aus diesen Jahren nur die bekannten Fakten der Entwicklung in Österreich rekapituliert, soweit dies für das Verständnis der folgenden Abschnitte unerläßlich ist.

In den im Kapitel »Guido Schmidt und seine Zeit« behandelten Jahren war ich dann wieder dabei. Diese Phase des Abwehrkampfes gegen den Nationalsozialismus habe ich als Sekretär des Außenministers Tag für Tag und in so mancher Nacht miterlebt. Wo dieses Kapitel nicht auf diplomatischen oder gerichtlichen Dokumenten beruht, ist es, ebenso wie die nachfolgenden Abschnitte »Siegmund Franz Meller« und »Zwischen p.u. und av«, ein Bericht aus erster Hand, für den ich die volle Verantwortung trage. In diesen letzten drei Kapiteln habe ich nur solche Äußerungen in Anführungszeichen wiedergegeben, die dokumentarisch belegt sind oder sich mir unvergeßlich einprägten.

Der Zapfenstreich

Mein Vater hatte einen großen Schlüsselbund. Den ließ er, wenn er abends heimkam, klirren. Das war für mich das ersehnte Signal. Ich polterte ihm entgegen, sprang an ihm hinauf und ließ ihn nicht mehr in Ruhe. Nach dem Abendessen versammelte er uns Kinder um sich für die »Lekti«, die Lektüre. Erst waren es die Kinderbücher der »bibliothèque rose«, dann Jules Verne, Alexandre Dumas père, Alphonse Daudet, die französischen Klassiker und schließlich, als wir schon recht groß waren, Tolstois »Krieg und Frieden« in französischer Übersetzung. Französisch war auch die Sprache bei Tisch. Denn wir hatten eine Mademoiselle. Tagsüber war mein Vater im Büro. Das machte mich eifersüchtig, schon gar, wenn er Sitzungen hatte und nicht sagen konnte, wann er heimkommen werde. Und doch hat es mir imponiert, daß er Ministerialrat im Ministerratspräsidium war. Ich zog eine Weste an, setzte einen Hut auf, nahm seine Aktentasche und war der »Minister vom Ministerpräsident«.

Im Sommer 1914 fuhren wir nicht, wie sonst, zu meiner Großmutter nach Kroatien, sondern mieteten eine Villa in Vöslau. Als meine Mutter und ich den Vater eines Abends beim Haustor begrüßten, sagte er: »Es ist Krieg!« Das bekam ich sofort zu spüren. Denn als ich den Vater, wie gewohnt, in Beschlag nehmen wollte, schickte meine Mutter mich schwungvoll zum Teufel. Das war der 28. Juli 1914. Ich war 6 Jahre alt.

Dann kamen Feiertage für die Schmetterlinge. Denn

mein Bruder und ich ließen die grünen Netze daheim, liefen schon in aller Früh zum Bahndamm und saßen dort stundenlang, um die Militärzüge in Richtung Südfront vorüberfahren zu sehen. In Viehwaggons mit der Aufschrift *20 Mann oder 6 Pferde* saßen die Soldaten in den Türen, ließen die Füße baumeln und sangen: »Lieb Vaterland, magst ruhig sein«.

Das Armeeoberkommando wurde nach Vöslau verlegt. Das brachte ein lustiges Gewirr von blanken Stiefeln, roten Hosen und blauen Jacken, von Helmen, Tschakos und Mützen, von klirrenden Säbeln und von Tschintarassa-bumtarassa. Die Soldaten riefen sich in Sprachen zu, die wir nicht kannten. Ungarn, Böhmen, Kroaten, Polen und alle waren k.u.k. Im Kurpark gab es ein Fest zugunsten des Roten Kreuzes. Schönheitskönigin wurde das »Heldenmädchen von Ravaruschka«, ein blutjunges Bauernding, das mit polnischen Legionären gegen die Russen gekämpft und beide Beine verloren hatte. Einen Kranz in den Haaren, Blumen in beiden Armen, saß sie in ihrem Rollstuhl da. Dann verschwand sie in der flutenden Menge.

Die Extraausgaben meldeten nichts als Siege. Aber mein Vater war bedrückt. Und kleine Buben hören, was nicht für ihre Ohren bestimmt ist: »Ganze Schwadronen niedergemäht. Mit gezückten Säbeln und Hurrah sind sie gegen Maschinengewehre Attacke geritten, in roten Hosen mit blitzenden Helmen.« Bald wurde dann alles feldgrau. Selbst die Schimmel wurden grau gestrichen. Wer's nicht glaubt, kann sich im Heeresmuseum Photos vom Schimmelstreichen ansehen.

Auch der Winter in Wien stand ganz im Zeichen des Krieges. Meine Mutter fuhr mit einem Malteserzug an die Front. Das lag ihr besser als dasitzen und Verbandzeug für das Rote Kreuz richten. Sitzen war überhaupt nichts für sie, es sei denn auf dem Pferd, im Damensattel natürlich. Sie nannte sich eine kroatische Bäuerin. Und da war etwas dran.

Jeder mußte etwas tun. Wir Buben gingen Abzeichen zugunsten des Roten Kreuzes verkaufen. »Darum zeichnet Kriegsanleihe!« donnerte der Pfarrer von der Kanzel. Als meine Mutter heimkam, gab sie eine Soirée zugunsten des Roten Kreuzes. Max Devrient deklamierte die Forumsrede des Marc Anton: »Mitbürger, Freunde, Römer, hört mich an...« Worauf sich meine damals vierzehnjährige Schwester sofort in ihn verliebte. Am Schwarzenbergplatz schlugen wir zugunsten des Roten Kreuzes Nägel in den »Wehrmann aus Eisen«. Die Damen trugen schwarze Ringe und schwarze Halsketten. »Gold gab ich für Eisen.« Und im Prater konnten wir zugunsten des Roten Kreuzes einen Schützengraben mit allem Komfort besichtigen. »Draußen liegen wir in Drecklachen«, sagte der Dragonerleutnant Holm von Reutter dazu, »aber wir bleiben doch weiße Dragoner.«

Piffili, so nannten wir ihn, war kein Haudegen. Seine Einstellung zum Krieg war: »Nein, aber.« Einmal, als er zwischen den Fronten liegengeblieben war, hatte ihn ein böhmischer Dragoner unter eigener Lebensgefahr hereingeholt. Später kam er wegen einer Nierenentzündung nach Wien und meine Eltern nahmen den alleinstehenden Mann auf. Ein Bett wurde in das »Rauchzimmer« gestellt und Blutegel schlichen über seinen Rücken. In seinen Erzählungen spielte das Pfeifen der Kugeln und das Krachen der Kartätschen eine große Rolle. Hatte er Angst? »Nur Trotteln haben keine Angst. Aber...« Da mußte ich mich fragen: War der Piz ein Trottel? Der Husarenrittmeister Theodor von Rochlitzer erzählte von gewagten Patrouillenritten und von Reitergefechten. Für Pistolen hatte er nichts übrig und Maschinengewehre waren eine Gemeinheit. Seine Waffe war der Säbel. War Bela ein Held? Als blutjunger Fähnrich bekam Albert Baron Pongracz die goldene Tapferkeitsmedaille. »Ich war nur zu faul um davonzulaufen.« Andere haben für dieses »Faulsein« mit dem Leben gezahlt. Leutnant Ernst Freiherr von Plener erlag in Wien seinen Verletzungen. Langsam bewegte sich der Trauerzug auf die Karlskirche zu. Hinter dem Leichenwagen trug einer auf einem Samtkissen die Tapferkeitsauszeichnungen des Gefallenen. »Unzähligen braven Kerln werden keine Orden in die Erde mitgegeben«, sagte Piffili.

Der Onkel meines Vaters, Feldmarschalleutnant Johann Ulrich Graf Salis-Sevis, gehörte einer anderen Generation an. Im Jahre 1915 kam er in hoher Funktion nach Wien. Aus Tischgesprächen erfuhr ich, daß dies im Krieg keine Ehre war. Der Kroate, der erster Militärgouverneur im besetzten Serbien gewesen war, wurde auf Betreiben des ungarischen Ministerpräsidenten Graf Tisza seines Postens enthoben und durch einen Ungarn ersetzt. Angeblich hatte er mit den Serben sympathisiert. Nach dem Krieg konnte er aber nicht nach Agram zurückkehren, weil die Serben ihn wegen angeblich unduldsamer Härte verfolgten. So ging der alternde Mann in das Ursprungsland seiner Familie, in die Schweiz, ins Exil. Und er ging aufrecht und unverbittert.

Eines verband sie alle, den böhmischen Dragoner, die jungen Offiziere, die Namenlosen und den Feldmarschallleutnant, sie trugen des Kaisers Rock.

»Lieber tät ich dableiben und mit Dir *Der Frosch sitzt in dem Rohre* singen, als mich selber wieder in die Drecklachen zu legen«, sagte Piffili, als er wieder an die Front mußte. »Aber...« Und der achtjährige Bub hat ihn verstanden.

Dann geschah etwas, das ich nicht verstehen konnte.

Eines Abends kam mein Vater ganz verstört heim. Ministerpräsident Graf Stürgkh war ermordet worden. Nicht an der Front, nicht vom Feind war er erschossen worden, nein hier im Hotel *Meissl und Schadn* von einem Österreicher. Gab es auch hier Feinde? Was sind Sozialdemokraten? Wollen sie, daß wir den Krieg verlieren? Ich weiß noch, daß ich meinen Vater mit Fragen bestürmte, aber an seine Antworten kann ich mich nicht erinnern. Ich habe sie eben nicht verstanden.

Dann eines Tages, als ich gerade am Reck Kniewellen und Sitzwellen übte, kam eine Freundin meiner Schwester und brachte unter Tränen nur mühsam heraus, daß der alte Kaiser tot sei. Das schien mir ganz natürlich. Da ich in der Stadt keine Schmetterlinge molestieren konnte, hatte ich meine Sammelwut auf Ansichtskarten des Kaisers geworfen. Jetzt galt es, alle Bilder von seiner Aufbahrung zu ergattern. Das Begräbnis sahen wir dann von einem Auslagenfenster in der Kärntnerstraße. Nur die prächtigen Uniformen der Gardisten und das junge Kaiserpaar mit dem kleinen Erzherzog Otto zwischen ihnen sind mir in Erinnerung geblieben.

Wir hatten oft Gäste. Bei Tisch wurde viel diskutiert. Daß unser französisches Kinderfräulein dabeisaß, störte nicht. Denn niemand hielt sie für eine Spionin, und niemals fiel ein Wort, das sie verletzt hätte. Ich spitzte die Ohren und nahm im stillen leidenschaftlich Partei. Kaum waren die Gäste gegangen, bestürmte ich meinen Vater mit Fragen. »Warum haben die Serben Franz Ferdinand ermordet, wo er doch für die Slawen war? Wieso wollten sie nicht, daß er Kaiser wird, wo er sich doch in Prag krönen lassen wollte? Was heißt das: er hätte ihnen den Wind aus den Segeln genommen?« Viel später erinnerte mich mein Vater an meine damaligen Fragen, um aufzuzeigen, wie politisches Denken und Handeln sich über natürliches

Empfinden hinwegsetzt und dadurch fragwürdig wird. »Warum wurde Cesare Battisti erschossen, wo Du doch sagst, daß er ein Ehrenmann war? Warum ist er zum Feind übergelaufen, wo er doch österreichischer Offizier war? Wieso war er Italiener, wo er doch Österreicher war? Warum ist das alles nicht so einfach?« Kaum hatte ich die Kunst des Schreibens und des Lesens erlernt, kaum war ich in die Klarheit des Einmaleins geführt worden, stolperte ich darüber, daß 2×2 in Wahrheit 4 ist, nicht immer aber in Wirklichkeit.

Ich war knapp 10 Jahre alt. Anfang 1918. Die Stadt war mit Plakaten übersät, die England von deutschen U-Booten umstellt zeigten. Der Mangel an Lebensmitteln, Bekleidung und Kohle ließ uns aber fühlen, daß auch uns die Blockade traf. Daß England die größte Flotte hatte, schien mir eine Ungerechtigkeit, etwa so, als hätte mein Bruder zu Weihnachten mehr Soldaten gekriegt als ich, was das Kräfte-Gleichgewicht in unseren riesigen Sonntags-Zinnsoldatenschlachten gestört hätte. Also fragte ich eine mit meinen Eltern befreundete Engländerin, wieso denn gerade England die größte Flotte habe. »Weil die Engländer sie sich geschaffen haben«, war die Antwort.

Damals stand ich vor der Aufnahmeprüfung in das Schotten-Gymnasium und Fräulein Brezina bemühte sich vergebens, mir durch ihren Klavierunterricht die Freude an der Musik zu nehmen. Gott Lob, gab es den Onkel Karl, der sich bei jedem Besuch eine Beethoven-Sonate abbetteln ließ. Und meine fast siebzehnjährige Schwester Renée spielte schon Schumann und Chopin. Aber nicht mehr lange. Denn sie verliebte sich in einen feschen Leutnant. 21 Jahre und ein wilder Kerl, Sohn eines der angesehensten Industriellen. Meine Großmutter war entsetzt, weil er ein Bürgerlicher war. Ein kleines »von« hätte schon viel ausgemacht. Und überhaupt! Zu ihrer Zeit wurden Ehen anders geschlossen. Als ihr Vater Josef Freiherr von Maroičić Stadtkommandant von Wien war, kam er eines Abends in ihr Schlafzimmer, setzte sich auf ihr Bett und sagte: »Der Baron Löwenthal hat um Dich angehalten, und Du wirst ihn heiraten.« – »Aber Papa, ich kenne den Herrn doch fast gar nicht.« – »Dumme Gans, wenn Du ihn heiratest, wirst Du ihn schon kennenlernen.« Damit erhob er sich, ging aus dem Zimmer, und der Fall war erledigt. Die Großmutter war also aus gutem Grund gegen diese Ehe. Aus ganz anderen Gründen wollten auch beide Eltern meiner Schwester den feschen Leutnant ausreden. Er war zu jung, zu lustig. Und mein Vater sagte: »Reiche Leut' kann ich nicht leiden.« Aber Renée war nicht zu halten. Also: »Traulich geführt, ziehet dahin . . .« Beim Hochzeitsessen gab es einen Kalbsbraten, den ein Regimentskamerad des Bräutigams hergezaubert hatte.

Da der Leutnant wegen eines Kurses nicht an der Front war, wohnte das junge Paar bei uns. Bald konnte ich meinen Schwager nicht leiden. Er war ein Zyniker, ohne Religion, ohne Patriotismus. Piffili hatte Angst. Aber er lag doch in den Drecklachen und hielt des Kaisers Rock in Ehren. Der Schwager aber saß daheim und machte böse Witze. Frühjahr 1918.

Im Sommer waren wir wieder in Vöslau. Eines Tages fuhren wir in das Tristingtal und stiegen auf das Hocheck. Bei Sonnenuntergang saßen wir vor der Hütte. Da sagte mein Vater: »Das bleibt.« Dann faltete er die Hände.

In Wien war es dann ungemütlich. Herbst 1918. Mein Vater kam mittags oft nicht zum Essen und abends immer sehr spät. Dann geschah, was ich nicht fassen konnte. Wir hatten den Krieg verloren. Unsere Truppen standen unbesiegt tief im Feindesland. Und doch hatten wir den Krieg verloren. Der Kaiser wurde verjagt. Das Reich fiel auseinander. Die Wohnung war kalt. Unsere Mademoiselle fuhr heim. Gegessen wurde im Kinderzimmer. Dort war ein kleines Eisenöferl mit einem langen, gewundenen Rohr an den Kachelofen angeschlossen. Gegessen wurden Wrukken, – das sind Futterrüben, die die Schweine nur mit Nasenrümpfen verzehren – und Erdäpfelgulasch. Die Sprache bei Tisch blieb französisch.

Was wird geschehen? Alles war hin. Und dann war doch noch etwas da. Deutschösterreich. Warum Deutschösterreich? Warum Anschluß an Deutschland? Was von Österreich übrig blieb, war immer noch größer als die Schweiz. Der erste Präsident der Nationalversammlung amtierte bis zur Wahl eines Bundespräsidenten als Staatsoberhaupt. Das war Karl Seitz. Und der Sozialdemokrat bat den klerikalen Baron, eine Präsidentschaftskanzlei einzurichten und ihre Leitung zu übernehmen. Mein Vater folgte der Berufung. Damals war das kein leichter Entschluß. Der Republik zu dienen galt nicht als standesgemäß. Aber mein Vater sagte: »Wir müssen dem Land dienen. Von uns hängt ab, was aus ihm wird.« Zunächst war das jämmerlich. Die alles überschattende Realität hieß Hunger. Am schlimmsten waren die Intellektuellen dran. »Weihnachtswünsche« stand unter einer Zeichnung in den »Wiener Stimmen«. Da bringt ein Kanalräumer dem verhungerten Herrn Professor eine Wurst und dieser ruft seine Tochter: »Sag brav dem Herrn Dein Glückwunschverserl auf!« Die Schweiz, Schweden, Norwegen und Dänemark nahmen Kinder zum Auffüttern auf. Mein Vater schickte uns zu unserer kroatischen Großmutter.

Der Kettensprenger

So kamen meine Mutter, die wenige Monate alte kleine Schwester, unser neuer Hauslehrer, die seit meiner Geburt vorhandene Kinderschwester Jetty, das Extramädel Mariedl und wir zwei Buben nach abenteuerlicher, unheimlicher Reise zunächst bis Agram, wo wir von einer Schwester meiner Mutter aufgenommen wurden. Von dort schrieb ich meinem Vater: »Es geht uns gut. Wier haben viel zu essen.« Der Lehrer bestand darauf, daß die Karte mit dem Rechtschreibfehler abging. »Zum Abgewöhnen«, sagte er. Trotz dieser feindseligen Eröffnung unserer Beziehungen freundeten wir uns bald an. Das begann damit, daß ich auf der Fahrt nach dem Landsitz unserer Großmutter den Bach-Choral »Oh Haupt voll Blut und Wunden!« vor mich hin sang, was Herrn Pechinger freute, und daß er dann in Pokupje die Guarneri-Geige, die ungeliebt auf dem Klavier lag, zum Klingen brachte, was mich begeisterte. Und nicht nur mich. Meine Großmutter hatte ein Grammophon mit einem riesigen Schalltrichter, genau wie er auf den *His Masters' Voice* Platten zu sehen ist. Und meine Großmutter hatte eine Gesellschaftsdame, die nach dem Tod meines Großvaters auch die Herrschaften *Pokupje, Hrastie* und *Novigrad* verwaltete. Diese nicht mehr ganz junge Leila zog das Grammophon auf, nahm ein Seidentuch und tanzte bei schummrigem Licht in ihrem dicken Wollkleid und in schweren Schuhen einen handfesten Schleiertanz. Das Halbdunkel war freilich kein raffinierter Regietrick. Es lag einfach daran, daß der vierzehn Meter lange und sieben Meter breite Raum nur durch eine Petroleumlampe beleuchtet war. Elektrizität gab es dort nicht. Wer abends auf's Häusel wollte, mußte mit der Kerze wandern. Dort gab es aber Wasser. Es wurde mit einem großen Radbrunnen in ein Reservoir unter dem Dach gepumpt, das außer den sechs Klos noch die Küche und zwei Badezimmer versorgte. Daß dort jemals wer gebadet hätte, ist mir freilich nicht erinnerlich. In den Schlafzimmern standen Waschtische. Waschbecken, Krüge, Untersätze für die Zahnbürsten und Kübel trugen Blumenmuster. In der Früh brachte Mariedl Kannen mit kaltem und warmem Wasser. Gebadet wurde im Fluß, wo auf Fässern schwimmend ein Badehaus verankert war. Daß dieser Fluß viel schmutziger war, als es ein Mensch beim besten Willen erreichen kann, störte niemand. Auch die Schlangen, die, den Kopf über Wasser, in eiligem Zickzack vorbeikamen, schreckten uns nicht. Nur wenn ein totes Schwein vorüberstank oder sich gar am Ufer in den Büschen verhing, verzichteten wir auf unseren Schwimm-, Spring- und Tauchspaß.

Im großen Gutshof gab es Paradiese genug für kleine Buben. Der Kuhstall, der Pferdestall, die Sattelkammer, die Schmiede, die Remise, wo leichte Jagdwägen neben schweren Landauern und dem Glaswagen standen, der nicht ganz aus Glas war, aber große, geschliffene Fenster hatte. Noch anziehender waren der Heuboden und der Fruchtboden. Was konnte schöner sein, als auf Bergen von duftendem Korn und Mais herumzukriechen. Wir wurden dabei erwischt und fürchterlich gestaucht. Wenn wir in so einem Körnerberg versänken, müßten wir jämmerlich ersticken wie Max und Moritz. Das war natürlich eine gröbliche Geschichtsfälschung, denn diese beiden sind bekanntlich nicht im Korn erstickt, sondern wurden mit ihm zu Schrott vermahlen und dann von den Hühnern aufgepickt. Solche Freiheitsbeschränkungen waren aber seltene Ausnahmen. Für gewöhnlich genügte es, daß wir da waren, wenn Lovro den Gong schlug und zum Essen rief.

Lovro war der alte Kammerdiener. Er war als Stallbub eingetreten und hatte es zum Kutscher und schließlich zum Kammerdiener gebracht. Das war die höchste, aber auch die gefährlichste Stufe in der Personalhierarchie. Gefährlich deshalb, weil er in den Augen meiner Großmutter für alles, was geschah oder nicht geschah, verantwortlich war. Kaum war etwas passiert oder ein Versäumnis aufgeflogen, prasselte ein Donnerwetter über sein ergrautes Haupt. Uns schien das ungerecht. Denn Lovro hatte zwei Livreen. Mittags eine hellgraue und abends eine dunkelblaue. Die langen Röcke waren vom Hals bis zu den Knien mit eng aneinandersitzenden Silberknöpfen besetzt. Sie an- und auszuziehen war also allein schon eine Tagesbeschäftigung. Wie sollte Lovro dann noch für Silberputzen, Blumenrichten oder dergleichen Zeit haben! Wenn wir ihn nach einem Krach trösteten, sagte er philosophisch: »Die Alte schimpft immer.« Und das wußten wir aus Erfahrung. Wenn wir zum Beispiel bei Regen in der Halle Fußball spielten, und irgendeine alte Vase so dumm dastand, daß ... Das hatte »die Alte« gar nicht gern. Zum Glück gab es die Tante Caroline, die zwar noch älter war, aber durch und durch gutmütig. Die nahm uns dann in die Speis mit, wo es nach Selchwürsten und Rosinen duftete, und manchmal sogar in den Eiskeller. Das war ein unter riesigen, schattigen Bäumen geducktes Holzhaus mit hohlen Wänden, die im Winter mit Eis gefüllt wurden.

Ohne Gäste waren wir dreizehn bei Tisch. Bei Südwind hatten die Erwachsenen »Großkampftag«. Da trachteten wir uns gleich nach dem Essen zu verduften. Wenn aber Gäste da waren, wollten wir nicht schlafen gehen. Es konnte passieren, daß vor Sonnenaufgang einige Wägen voll johlender Nachbarn und fiedelnder Zigeuner angefahren kamen. Die wurden dann mit Wein und Sliwowitz und schließlich mit Kaffee gelabt und saßen im frischen Morgen recht komisch auf der Terrasse und sangen und redeten g'scheit daher. Denn ein kroatischer Landwirt braucht den Sliwowitz, um g'scheit zu reden. Später einmal überfiel uns so ein Haufen kroatischer Freunde im Morgengrauen auch in Wien. Meine Mutter spielte natürlich mit. Mein Vater versperrte sein Zimmer. Da verheizten die Lieben alle seine Hüte.

Mein Vater! Es ging uns gut und wir hatten viel zu essen. Aber er fehlte mir. Ich schrieb ihm Liebesbriefe. Aber das ist ein spärlicher Ersatz für die Nähe eines geliebten Menschen. Auf den Briefmarken war ein Kettensprenger. Welche Kette? Und wer hat sie zerrissen? Der Garnisonskommandant von Karlstadt trug die serbische Uniform und erzählte gerührt k.u.k. Militär-Geschichten. Er sprach vom alten Kaiser und von Kaiser Karl, der an der Südfront, ganz vorne, den Soldaten die Hände geschüttelt hat. »So gut werden wir es nie wieder haben.« Mein Onkel Darko wurde später Adjudant der Königin von Jugoslawien. Aber seinen Ruf, seine Orden und sein lahmes Bein hatte er sich im Kampf für die schwarz-gelbe Monarchie geholt. Und der Geist der k.u.k. Kriegsmarine blitzte aus seinen Worten.

Der Doppeladler war eben erst abmontiert worden und schon wurde er vergoldet. In den Herrenhäusern und in den Dörfern hörte man immer wieder: »Das wäre unter Österreich nicht möglich gewesen.« Denn nicht Ketten waren gesprengt worden, sondern eine Ordnung. Das galt für alle Bereiche. Der Pfarrer sang: »Schatz, ich bitt' Dich, komm heut Nacht...« Und der »grüne Kader« zog plündernd und sengend durch das Land. Niemand wußte, wann und wo er zuschlagen würde. Onkel Darko organisierte die Abwehr. Jeder bekam ein Gewehr und genaue Instruktionen. Zwischen dem Herrenhaus und den Wirtschaftsgebäuden wurden Signale vereinbart. Im Speisezimmer lagen in der Gehschule eines kleinen Vetters die Gewehre. In der Halle saß Lovro mit dem Gewehr bei Fuß. Eines Abends knallten vom Stall her die vereinbarten Alarmschüsse. Jeder ging an seinen Posten. Dann nichts. Tags darauf sahen wir in den Maisfeldern Durchzugsspuren. Die Schüsse hatten die Räuber verscheucht.

Für uns Buben war das ein köstliches Indianerspiel. Aber Onkel Darko hielt uns in strenger Zucht. Wir lernten mit Flaubertgewehren und leichten Jagdbüchsen umgehen. Und wir lernten, daß man selbst eine ungeladene Waffe nie gegen einen Menschen richten darf. Sonst freilich war Onkel Darko darauf aus, uns jede Furcht auszutreiben. Zeigte einer beim Reiten nur das geringste Zögern, so donnerte es »Scheißkerl!« hinter ihm her. Als mich meine Tochter 51 Jahre später zum Großvater machte und ihre Tochter Allegra nannte, mußte ich weit zurücktasten, um zu finden, warum in diesem zauberhaften Namen etwas nicht ganz Geheueres schwang. Die Stute, die mich nicht leiden konnte und dementsprechend behandelte, hieß Legra.

Das was aber auch das einzige gespannte Verhältnis in meiner Beziehung zum pulsierenden Leben in Pokupje. Die anderen Pferde, die Kühe, die abends in langem Zug zur Tränke gingen, die Lerchen, das Käuzchen und die Fledermäuse, die Hunde und die runde Linde, das waren alles Freunde. Hunde gab es zwei, einen kleinen Foxel und einen riesigen Schweißhund. Zwischen ihnen funkte Verspieltheit, Eifersucht, Brotneid ganz so, wie ich es später im Leben sah. Im Park gab es Schlangen. Der Foxel sprang sie an, biß ihnen den Nacken durch und ließ sie liegen. Dann kam der große Tyras, nahm sie, schüttelte sie und zeigte uns seine Beute.

Einmal kam der Bub des Winzers von dem viele Kilometer entfernten Wein- und Waldgut Hrastie gelaufen und meldete, die Bauern seien in den inneren Hof des Kastells eingedrungen und wollten erst wieder gehen, wenn »die Gnädige« sie angehört habe. Sie wollten gegen den beabsichtigten Verkauf des Besitzes protestieren. Statt meiner Großmutter fuhr Leila, die Hausdame, Schleiertänzerin und Verwalterin nach Hrastie, um den Bauern die Gründe für den Verkauf zu erklären. Sie zogen grollend ab. »Der neue Herr wird schon sehen.« Er hat nichts gesehen. Denn er ließ sich abschrecken und trat vom Kauf zurück. Nach zwei Jahren wurde der Besitz dann doch verkauft, an einen Bauern. »Wir ziehen jetzt schon in den Himmel ein«, sagte die Bäuerin. Novigrad aber, das »Neuschloß«, das trotz dieses Namens der älteste Besitzteil der Familie war, verwandelte sich nach dem Verkauf in eine Hölle. Mein Großvater und wohl auch dessen Großvater hatten es stillschweigend geduldet, daß die Bauern schön langsam die Grenzen »begradigten«. Der neue Herr wollte den Grundbuchstand wiederherstellen. Da ging das Schloß mit seinen 5 Ecktürmen in Flammen auf. Und die weiße Dame, die Nacht für Nacht durch die weiten Hallen schlich, weil sie wegen eines Ehebruches ohne Beichte lebend eingemauert worden war, mußte fortan im Freien promenieren.

Daß ich in diesen langen Monaten etwas gelernt hätte, ist mir nicht in Erinnerung geblieben. Ich sehe Herrn Pechinger nur mit der Geige, ich sehe, wie er sie einmal mit beiden Händen genommen und geküßt hat. Das sehe ich ebenso wie die runde Linde vor dem Haus, den trägen

braunen Fluß, die wildverzweigten Blitze in Gewitter-
nächten und meine Mutter, wie sie am Abend, mit dem
kleinen Kind auf dem Arm, singend durch unsere Zimmer
tanzte.

Eines Tages wurden die großen Fuchsen vor einen
Landauer gespannt und die Rappen vor einen leichteren
Wagen. Meine Mutter mit dem Kind, der Hauslehrer,
Jetty, Mariedl und wir Buben fuhren nach Karlstadt zur
Bahn. Dort wußte niemand, wann der Zug, der uns über
Laibach nach Wien bringen sollte, kommen würde. »Das
hat es unter Österreich nicht gegeben«, murrten die Leute.

Einige Jahre später fragte in Lovrana ein Fischer meinen
Vater, ob er ihm Nachricht von Kaiser Karl geben könne.
»Der ist doch tot.« – »Oh nein! Der hält sich nur
verborgen und wartet auf seine Zeit. Dann kommt er
wieder, um uns alle zu vereinen.«

Der Franz Josefs-Orden

In Wien – Herbst 1919 – hatte sich nicht viel geändert. Ein Schlagerlied lockte das Mädchen nicht mit der goldenen Sonne und dem silbernen Mond in das Wunderland, sondern versprach:

>»Dort gibt's keine Kohlennot,
>keine Ledersohlennot,
>kein Ersatz für's Zimmerlicht,
>kein Karbid...«

Die Aufzählung von allen Nöten dieser Zeit ließe sich lange fortsetzen. Aber dafür wurde uns der Friede beschert. Und was für ein Frieden! Im Namen des Selbstbestimmungsrechtes wurde Österreich zerstückelt. Aber den Südtirolern wurde dieses Recht nicht zuerkannt. Südtirol wurde ungehört an Italien verschenkt. Nein, das stimmt nicht. Es war kein Geschenk, es war ein Kaufschilling. Es war der Preis für den Bündnisbruch. Denn Italien war im »Dreibund« mit Österreich und Deutschland verbündet gewesen. Als mein Vater von Südtirol sprach, geschah etwas Aufregendes. Er wurde zornig. So kannte ich ihn nicht. Wir hatten doch auch Kroatien verloren, wo seine Mutter daheim war und meine Mutter auch. Und Ungarn und Böhmen und Polen. Das war also etwas anderes. Da hörte ich zum erstenmal von Schloß Tirol. »Italien verliert jede Schlacht und gewinnt jeden Krieg«, sagte mein Vater. 48 Jahre später fand ich dazu in den Römischen Briefen von Kurd von Schlözer eine Bemerkung des Franzosen-Königs Louis Napoleon, des späteren Kaisers Napoleon III. Im Jahre 1866 standen Preußen und Italien verbündet im Krieg mit Österreich. Die Italiener wurden zu Land bei Custozza und zur See bei Lissa von den Österreichern geschlagen. Die Preußen aber entschieden den Krieg durch ihren Sieg bei Königgrätz. Dies trug den Italienern Venetien ein. Schon damals wollten sie aber die strategische Brennergrenze und suchten ihren Protektor Napoleon III. dafür zu gewinnen, ihnen durch diplomatischen Druck noch Südtirol zuzuschanzen. Dazu sagte er nur: »Il ne leur manquerait qu'une troisième bataille perdue pour qu'ils me demandent encore Paris!« Wenn sie eine dritte Schlacht verlieren, verlangen sie auch noch Paris von mir.

Die von Österreich gewonnene Schlacht bei Custozza (26. Juni 1866) hat übrigens einen unterhaltenden familiengeschichtlichen Aspekt. Die Kavallerie stand unter dem Kommando meines Urgroßvaters, Josef Freiherr von Maroičić. Laut Schlachtplan hätte früh am Morgen eine Attacke geritten werden sollen. Maroičić schlug aber einige Stunden früher als vorgesehen los, überrumpelte die Italiener und entschied dadurch die Schlacht vom ersten Anfang an. Er bekam dafür den Maria Theresien-Orden. Laut einem Familienwitz hätte aber sein Schimmel die Auszeichnung kriegen sollen. Denn als er im ersten Morgengrauen die zur Attacke angetretenen Regimenter inspizierte, sei ihm sein Schimmel durchgegangen. Und die braven Kommißpferde seien ihm nachgaloppiert.

Die Vorstellung, daß der damals 54 Jahre alte Feldmarschalleutnant und Kommandeur des 7. Armeekorps freiwillig oder unfreiwillig eine Kavallerie-Attacke angeführt hat, ist zu schön um wahr zu sein. Der ausführliche Bericht über den Hergang der Schlacht weiß es anders. Als junger Haudegen hat Maroičić aber so manche Attacke mitgemacht. Aus dieser Zeit stammt sein Ausspruch: »Wer eine Kavallerie-Attacke reitet, muß sein Leben hinter sich werfen.«

In dem aus dem gewachsenen Gleichgewicht von Stadt und Land, Industrie und Landwirtschaft gerissenen, zu Vieh- und Holzlieferungen verurteilten und mit der Rechtsnachfolge der Monarchie belasteten Rest-Österreich herrschte schwarzes Elend. Das scheinbar unaufhaltsame Debakel führte damals zur Vorstellung, Österreich gleiche einem Zug, der ohne Bremsen den Semmering hinunterrolle. »Wird der Zug aus den Schienen springen und zerschellen?« – »Der Vergleich stimmt nicht«, sagte mein Vater. »Unser Land ist eher ein Zug, der in Gloggnitz unten steht und nicht den Semmering hinauffahren kann, weil keine Kohlen da sind.«

Eine galoppierende Inflation ließ die Preise von Tag zu Tag hinaufschnellen. Das bedeutende Vermögen meines Vaters schmolz auf den Preis von einigen Kilos Schmalz zusammen. Und sein Sektionschefgehalt war dürftig. »Wenn der fesche Onkel Tistl die mährischen Herrschaften des Majorates nicht in Staatspapiere umgewandelt hätte, wäre ich heute ein reicher Gutsbesitzer«, sagte mein Vater. »Aber Du hast doch gesagt, daß Du reiche Leut nicht leiden kannst.« – »Reich ist nicht einer, der Geld hat, sondern einer, den das Geld hat; nicht einer, der von seinem Geld lebt, sondern einer, der für sein Geld lebt.« – »Warum hat der Onkel Tistl so etwas Dummes gemacht?« – »Mitte des vorigen Jahrhunderts war das gar nicht so dumm.« Und mein Vater erklärte mir, daß der damalige Majoratsherr, sein Großonkel Jean Baptist, ein Husarengeneral, der seine Karriere als Militärattaché in Paris beendete, keinen Sohn, dafür aber zwei Töchter hatte, die in Frankreich verheiratet waren. Also wollte er im Ruhestand dort bleiben und da war ihm halt ein sicheres

Einkommen aus Staatspapieren lieber als die Sorge für fünf mährische Herrschaften. »Damals konnte er nicht auf den Gedanken kommen, daß österreichische Staatspapiere nach 70 Jahren nur noch zum Feuermachen gut sein würden. Das konnte nur geschehen, weil der Doppeladler zerschlagen wurde.« Und mein Vater konnte im Jahre 1920 nicht voraussehen, daß die mährischen Herrschaften nach 25 Jahren futsch sein würden. Auch das konnte nur passieren, weil der Doppeladler zerschlagen wurde. Der tschechische Nationalist Franz Palacky, der für ein größeres Gewicht der Tschechen in der Monarchie, nicht aber für deren Auflösung eintrat, hat schon Mitte des vorigen Jahrhunderts vorausgesehen, daß, auf sich selbst gestellt, die Nachfolgestaaten eine leichte Beute des russischen Imperialismus sein würden. Dies ist durch einen Brief Palackys belegt.

Mit dem Untergang des Habsburgerreiches gingen aber nicht nur materielle Werte flöten. Eine Ordnung kam ins Wanken. Im Kleinen bekam auch unsere Familie das zu spüren. Mein Schwager verkrachte sich mit einem älteren, einflußreichen Vetter, flog in hohem Bogen aus der Firma hinaus, wollte sich an seiner Familie rächen und wurde Artist. Meine Schwester versteckte ihre klare Stirn bis zu den Augen mit einer Haarlocke und ging mit ihm. In Nachtlokalen exhibierten sie sich im bunten Licht der Scheinwerfer mit akrobatischen Tänzen. Erst in Prag, dann in Oslo. Der Sohn eines der angesehensten Industriellen und die Tochter des höchsten Staatsbeamten! Und das war nur ein Strich im Bild jener Zeit. Beherrscht wurde es vom Elend der Vielen und vom Übermut der Emporkömmlinge. »Wie uns beim Tanzen heiß geworden ist, haben wir einige Flaschen Schampus auf den Boden schütten lassen, haben Schuhe und Strümpfe ausgezogen und weitergetanzt.« Und in der Kärntnerstraße hockte ein

Kriegsinvalide. Er hatte beide Beine verloren. Jetzt rief er: »Schuhriemen und Schuhbänder, echte Qualität. Kein Papier, kein Stroh, sondern nur garantiert echte Ware!« In schäbigen Mänteln und löchrigen Schuhen huschten die Menschen vorüber.

Man hätte meinen können, das Land sei in den Händen der »Schieber«. Aber dem war nicht so. Es war die Zeit, von der Wildgans später in seiner Rede über Österreich sprach, die Zeit, wo Beamte und Richter hungernd und frierend ihre Pflicht taten, so als wäre nichts geschehen. Mein Vater sagte einmal: »Ein Staat kann nur funktionieren, wenn die Beamten für den Franz Josefs-Orden dienen, das heißt für immateriellen Lohn. Wo Geld der Maßstab aller Werte ist, hört Sauberkeit auf.« Den Franz Josefs-Orden gab es nicht mehr. Aber die Männer, die in seinem Geiste aufgewachsen sind, waren da und dienten, dienten aus Pflichtbewußtsein, aus Ehrgefühl. Das trug den Staat.

Die Wiener Oper unter Schalk und Strauss

(Ende 1918–31. VIII. 1929)

Am 1. Jänner 1920 wurde in der Oper *Lohengrin* gegeben. Es sangen Oestwig, Jeritza und Richard Mayr. Dirigent war Richard Strauss. Für mich war dieser 1. Jänner ein großer Tag. Ich war zum ersten Mal in der Oper. Bald darauf hörte ich im »Goldenen Saal« des Musikvereins die *Eroica*. Da begann meine Entführung in die andere Dimension. Denn die Musik war mein Gott und Wagner sein Prophet. Das stimmt nicht und stimmt doch. Ich war zutiefst religiös. Als Erik Maschat einmal in einer Diskussion über Gottesbeweise sagte: »Mein Gottesbeweis ist die IX. Symphonie«, war ich berührt und betroffen zugleich. So hätte ich das damals nicht sagen können. Mein Bruder und ich sammelten Autographen. Auf Bitte unseres Vaters schickte Gerhard Hauptmann uns zwei Karten. Auf der einen stand: »Der Mensch, das Tier, das seine Träume deutet, verliert's den Schlüssel seiner Traumeswelt, so steht's vor seiner eignen Tür verlassen da.« Auf der anderen stand: »Kunst ist Religion.« Ich wählte diese Karte. War die Musik meine Religion? Nein, sie war der Schlüssel zu meiner Traumeswelt.

Wagners Helden bewegten meine Phantasie. Und da in uns nur anklingt, was wir in uns tragen, habe ich den Pessimismus im Ring des Nibelungen gar nicht bemerkt. Ich war gepackt von der flutenden Leidenschaft. »Winterstürme wichen dem Wonnemond – – Seliger Minne sehrende Not. – So blühe denn Wälsungenblut.« Tristans Todessehnsucht aus Liebe war mir fremd. Denn meine

Mutter war »eine kroatische Bäuerin«. Für Wolfram von Eschenbachs platonische Liebe hatte ich nichts übrig. Daß es Elisabeth zu Tannhäuser hinzog, schien mir ganz natürlich. Der Venusberg? – – – »Amfortas, die Wunde!« Es zog mich zu Venus hin, und es rief mich der Gral. Und in der Mitte: Walther von Stolzing. Evchen. So wurde »Meistersinger« meine Lieblingsoper.

In meiner Gymnasialzeit und den ersten Universitätsjahren, also etwa im Dezennium 1920–1930, habe ich 215 Opernabende mit den Besetzungen festgehalten. Als elf- und zwölfjähriger Bub fügte ich sehr selbstbewußte Rezensionen hinzu. So bemerkte ich zu der *Lohengrin*-Aufführung vom 1. Jänner 1920: »Alle Sänger waren fabelhaft. Es war eine glänzende Aufführung. Erste Besetzung.« Nicht zufrieden war ich hingegen bald darauf mit einer Aufführung der *Königin von Saba*. Da schrieb ich: »Aufführung war nicht gut, weil die Sänger nichts leisteten. Schlechte Besetzung.« Wahrscheinlich hat Ihre Majestät mich gelangweilt.

In diesen Jahren habe ich die Jeritza in dreizehn Rollen 33 mal und die Lehmann in dreizehn Rollen 35 mal gehört. Das Phänomen Jeritza! Stimme, Körper, Bewegung waren eins im Hinzaubern eines Menschen, einer Situation. Wie sie, den brennenden Leuchter in zitternder Hand, um den toten Scarpia schlich, wie sie ihren Turrido anflehte, sie nicht zu verlassen, wie sie in der Wartburg die teure Halle grüßte, das war gelebtes Leben. Und ihr »Hoiotoho!« blitzende Lebensfreude. Ein jeder wurde gepackt und in den Strudel des Geschehens gerissen. Und das geschah nicht dort hinter dem Orchestergraben. Das geschah hier zwischen uns, in uns. Unheimlich. Beglückend.

Die Lehmann war anders. Sie war ganz Klang, ganz Wärme, ganz Frau. Das Abenteuer des Heimkommens. Gewagte Geborgenheit. Das war ihre Verheißung. »Ist es nicht die Hand, die die Deine drücket, wie in schöner Zeit...?« Wenn sie das sang, mußten alle Dämme brechen. Und keiner konnte sich einbilden, er wäre standhafter gewesen als Des Grieux. Dann wieder rundete das Ganze sich im Klang ihrer Stimme. »Leicht muß man sein: mit leichtem Herzen und leichten Händen halten und nehmen, halten und lassen.« Ein dummer Bub, dieser Quin-Quin. Wie konnte er nur die Lehmann für die andere lassen, selbst wenn es die glockenreine Elisabeth Schuhmann war? Sie war die *Sophie,* so wie die Lehmann die *Marschallin* war und Richard Mayr der *Ochs.* Er war nicht nur »der aufgeblasene, schlechte Kerl«. Er war, wie Hofmannsthal es wollte, »immer noch eine Art von Edelmann«.

Gibt es in dieser Etage désinvolture? Dieses Entrücktsein aus allen Grenzen, diese naive Verspieltheit, die von Schranken nichts weiß. Egal, wer Mayr als Ochs gesehen und gehört hat, kann bei keinem andern so ganz froh werden.

Das sind nur einige der Größten unter den Großen, die damals in Wien engagiert und auch so gut wie immer da waren. Das einmalige an der Ära Schalk-Strauss war, daß das Haus am Ring zu dem weltweit hervorragenden Unterbau – Dirigenten, Orchester, Regisseure, Chor – einen Stab von grandiosen Sängern hatte, der die optimale Besetzung zahlreicher Opern gestattete. Dazu kamen noch laufend prominente Gäste: Gigli, Lauri-Volpi, alle, die damals oben waren. Auch Toscanini kam mit der Mailänder Scala. Es war eine glanzvolle Zeit. Gott Lob, daß Schalk und Strauss dort, wo es um das Niveau der Oper ging, nicht bescheiden waren. Persönlich waren sie es in Achtung gebietendem Maße.

Optisch, künstlerisch und menschlich waren die beiden extreme Gegensätze. Wir hatten oft die Loge des Bundespräsidenten, die alte Kaiserloge, rechts vom Orchestergraben. Da konnte ich die Dirigenten beobachten. Schalk saß über die Partitur gebeugt da, das Gesicht von unten erleuchtet, die Arme beschwörend bewegt. Daß er mit der scharfen Nase und dem Spitzbart im Profil wie ein Ziegenbock aussah, störte nicht, ja es verstärkte den Eindruck einer mythisch-kultischen Handlung. Und das war es auch. Schalk zelebrierte die Musik. Er war ihr Priester. Ganz anders Richard Strauss. Er saß aufrecht da. Die linke Hand in der Hosentasche, dirigierte er aus dem rechten Handgelenk ohne den Arm zu bewegen. Er stand komod auf der Erde. Und doch ging eine Faszination von ihm aus. Strauss stand in der Spannung von Bürgerlichkeit und Leidenschaft. Seine Frau soll einmal gesagt haben: »Der Pfitzner ist im Leben voll Leidenschaft und in seinem Schaffen urlangweilig. Bei meinem Richard ist es umgekehrt.« In seinem Briefwechsel mit dem feinnervigen Hofmannsthal war Strauss der Gelassenere. Manchmal zeigte er auch den lebendigeren Theaterinstinkt. Möchte man es für möglich halten, daß Hofmannsthal vehement dagegen protestierte, aus dem Komponisten in Ariadne eine Hosenrolle zu machen und daß er Bedenken gegen die Große Zerbinetta-Arie hatte? Strauss ließ sich nicht beirren. Gott sei Dank! Vielleicht läßt sich zu den oft leidenschaftlichen Diskussionen zwischen Hofmannsthal und Strauss sagen: Der Dichter wollte in Wurzeln und Gezweig des Werkes den Reim wahren. Es ging ihm um das heile Ganze. Der Komponist spürte, was sich machen läßt und was gefällt.

Was Hofmannsthal und Strauss in die Welt setzten, stellte damals das andere Opernschaffen in den Schatten. Schalk und Strauss gaben ihm aber im Spielplan breiten Raum. *Palestrina* von Hans Pfitzner, *Fredegundis* von Franz Schmidt, *Kuhreigen* von Wilhelm Kienzl, *Scanarell* von Robert Kouta und Wilhelm Grosz, *Die Hochzeit im Fasching* von Eduard Poldini, *Das Bildnis der Madonna* von Marco Frank, *Madonna Imperia* von Franco Alfano, *Maruf* von Henri Raban, *Don Gil mit den grünen Hosen* von Walther Braunfels, *Rosengärtlein, Kohlmayerin* und *Höllisch Gold* von Bittner, *Das Zauberwort* von Ravel, *Cardillac* von Paul Hindemith, *Ödipus Rex* von Igor Strawinsky, *Jonny spielt auf* von Ernst Křenek sind unter den damals herausgebrachten zeitgenössischen Opern. Durch die Aufführung von Mussorgskis *Boris Godunow* und Giordanos *André Chenier* wurde ein Jahrzehnte altes Versäumnis nachgeholt. Die meisten der damals neuen Werke sind vergessen. Sie waren halt nichts wert. Sieht man sich heute Musikvereinsprogramme von vor hundert Jahren an, so stößt man auf viele nie gehörte Namen. Das macht der Filter der Zeit. Doch da der kleine Mann nichts lieber tut, als dem Genie eins auszuwischen, hieß es damals, Strauss bringe diese Opern nur, um seine Werke leuchtender herauszustellen.

Einer hatte Erfolg. Das war Erich Wolfgang Korngold. Er kam nicht aus der Versenkung. Er war ein Sohn, der Sohn eines mächtigen Mannes. Julius Korngold, der große Musikkritiker dieser Zeit, war für Strauss der Hanslik. Da konnte es nicht an Stimmen fehlen, die ihm nachsagten, er setze den großen Meister herab, um seinem Sohn den Weg zu bereiten. Egal, Erich Wolfgang Korngolds *Violanta* und *Die tote Stadt* hätten auch ohne den Herrn Papa Erfolg gehabt. Denn das waren, das sind Vollblut-Opern. Und damals bestimmte nicht eine Clique von politisch engagierten und politisch gemachten »Fachleuten«, was zu gefallen hat, sondern das Publikum sagte, was gefällt. Und das Publikum sagte Ja zu Strauss und ja zu Korngold. Freilich haben seine Opern eine Schwäche: Nur die Jeritza konnte die *Marietta* und die *Violanta* glaubhaft machen.

Den Tanz der Marietta mit dem Zopf der toten Frau, den kann nur tanzen und spielen, wer den Körper und den Schwung dazu hat. Und singen muß sie auch können. Und die Violanta! Überwältigt von ihrer Schönheit, ihrer Würde, soll der Tenor vor ihr in die Knie sinken. Da hörte ich einmal eine phänomenale Sopranistin. Leider sah ich sie auch. Sie sah aus wie eine Presswurst. Und der Tenor griff nach der Tischkante und ließ seinen Bauch mühsam hinuntersinken. Aus!

Das kann passieren. Auch in der Ära Schalk-Strauss gab es eben hin und wieder einmal einen nicht vollkommen geglückten Abend. Das hab ich als Bub in meinen »Rezensionen« kritisch genug vermerkt. Zurückschauend habe ich aber nur einen Einwand gegen diese große, vielleicht glanzvollste Zeit des Hauses am Ring. Der damaligen Übung gemäß wurden fremdsprachige Opern in Übersetzung gesungen. Das ist eine Verfälschung. Denn jede Sprache hat ihren eigenen Klang, der in der Vertonung mitschwingt. Der Text ist also nicht austauschbar. »Ach, wie so trügerisch...« klingt gesprochen und gesungen nicht so wie: »La donna é mobile...« Schon »Ach« hat nicht die Schlagkraft von »La«. Und in »trügerisch« verstrickt sich, was in »mobile« aufknallt. Noch ärger ist freilich, wie ölig Wagner auf italienisch wird. Und am schlimmsten ist, was die deutsche Übersetzung den Mozart-Texten Dapontes noch über das Klangliche hinaus antut. »Komm in die Laube, reizende Taube...« macht aus Don Giovanni einen Schundromanhelden. Solche Verkitschungen haben Bananenschalen auf meinen Weg von Wagner zu Mozart gelegt. Verbauen konnten sie ihn freilich nicht. Noch zur Wiedereröffnung der Oper wurde am 4. XI. 1955 *Don Giovanni* in deutscher Übersetzung gesungen. Die Rückkehr zu den Originaltexten ist eine glückliche Errungenschaft jüngerer Zeit.

Diese damals allgemein befolgte Mode kann freilich nicht den geringsten Schatten auf den hellen Glanz der Ära Schalk-Strauss werfen. Wie ein Wunder mutet es an, daß diese Epoche mit dem Zusammenbruch des Reiches ihren Anfang nahm. Ende 1918 übernahm Franz Schalk die Direktion der Oper, von Ende 1919 bis Ende 1924 übte er sie gemeinsam mit Richard Strauss aus, dann wieder allein bis September 1929. Beide Männer waren auf ganz verschiedene Art Besessene. Nahmen sie überhaupt zur Kenntnis, was um sie vorging? Mit dem Schwung der Besessenheit machten sie Musik. Daß sie es machen konnten, ist den damaligen Regierungen zu danken. Und daß diese in Zeiten bitterer Not die nötigen Mittel herzaubern konnten, dafür muß man den Grund im Grund der Gründe suchen. Angefangen vom Jahre 1918, wo alles zusammenbrach, dann in den Elendszeiten der Inflation und schließlich in den harten Aufbaujahren nach der Sanierung des Jahres 1922 war die Wiener Oper ein Fanal der geistigen Kraft unseres Landes, das weit über seine Grenzen hinaus leuchtete.

Das Mädchen Mozartsonate und der Untergang des Abendlandes

»Wien, sterbende Märchenstadt, die noch im Tod für jeden ein freundliches Lächeln hat«, schluchzten die Heurigensänger. Aber die noch im Geist der Monarchie verwurzelte Verwaltung bewährte sich als staatstragende Kraft. Die ungebrochene, geistige Vitalität der Stadt zeigte sich in Glanzleistungen in allen Sparten der Kunst, und trotz allen Stolperns und Auf-die-Nase-Fallens in der Gehschule der Demokratie glückte das Wunder der »Sanierung«. Die erste Anleihe kam aus England. 2¼ Millionen Pfund gegen Verpfändung der Gobelins aus dem Besitz der Habsburger. Dann erwirkte Seipel eine Völkerbundanleihe, die die Stabilisierung der Währung und die Belebung der Wirtschaft ermöglichte. Das war am 4. X. 1922. Der in Gloggnitz blockierte Zug bekam also Kohle und konnte den Semmering hinauffahren. Im häuslichen Bereich brachte das zunächst nur entspanntere Gespräche bei Tisch. Erst allmählich verbesserte sich der Speisezettel. Wrucken und Erdäpfelgulasch wurden durch Buchteln und Tamburschwanzerln ersetzt, zu deutsch: Dampfnudeln und Kartoffelnudeln. Und statt des gelegentlichen Corned Beefs kam hie und da Fleisch zu Tisch. Aber das Speisezimmer und der Salon blieben ungeheizt. Gegessen wurde auch dann noch im Kinderzimmer mit dem Eisenöferl und seinem langen, gewundenen Rohr.

Mein Alltag hieß Schule. Schottengymnasium. Dieses gehört gradso zu Wien wie der Stephansturm. Im Gegensatz zum Theresianum, das fast nur adelige Schüler hatte, nahmen die geistigen Nachkommen der Benediktiner, die der Babenberger-Herzog Heinrich Jasomirgott im 12. Jahrhundert aus Schottland nach Wien geholt hatte, Buben aller Stände auf. »Schotte« war der letzte Habsburger-Kaiser Karl und »Schotte« war der Urenkel des Erfinders der Frankfurter-Würstel, Fritz Weber, dessen Eltern dem ererbten Selcher-Gewerbe treu geblieben waren. »Schotte« war Hofmannsthal, »Schotte« war Konrad Lorenz, und »Schotten« waren der regierende Fürst von Liechtenstein und alle seine Vettern. Auch erfolgten die Aufnahmen nicht nach weltanschaulichen Kriterien. Unter den Katholiken waren mehr Buben aus liberalen Kreisen als aus streng religiösen. Und dazu kamen noch hübsch ein paar Protestanten und Juden. In der ersten Klasse kam also eine bunt gewürfelte Schar zusammen. Aber nach acht Jahren waren alle »Schotten«. Das heißt nicht, daß alle weltanschaulich oder politisch gleich ausgerichtet gewesen wären. »Schotte« sein liegt in einer Humanität sui generis, in einer Humanität, die viel Toleranz, viel Weltaufgeschlossenheit in sich trägt.

Zur Zeit meiner ersten Gymnasialjahre war der Orden von den älteren, liberalen Mönchen beherrscht. Dann wählten die Jungen den jungen Pater Hermann Peichl zum Abt, der eine strenge Observanz einführte. Er galt als harter Asket und war doch voll Güte und Menschlichkeit. Er war unser Religionslehrer. Ich war vom Orden und besonders von der bei den Benediktinern zum Kunstwerk gestalteten Liturgie angezogen. Manchmal besuchte ich Pater Hermann in seiner Zelle. Und einmal sagte ich, daß ich ihn vielleicht bitten werde, mich in den Orden aufzunehmen. Da läutete das Telephon. Dann sagte er: »Sehen Sie, so etwas nenne ich ein kleines Gottesgericht. Ich wurde gerade wegen einer Trauung angerufen. Also: Sie werden heiraten.« Der junge und doch schon weise

Mönch spürte, daß mein Weg zum Gral durch den Venusberg führen müsse.

Der dynamischste unter den Liberalen wurde Direktor
des Gymnasiums. Pater Vinzenz Blaha war unser Mathe-
matiklehrer. Er war ein hervorragender Bridgespieler und
ließ sich gern zu Bridge-Soupers einladen. Als wir einmal
gegen eine Prüfung protestierten, weil wir gerade in
Theateraufführungen in der Aula des Stiftes engagiert
waren, sagte der Benediktiner: »Ich drah auch. Aber ich tu
meine Pflicht.« In diesem Satz liegt, was die Schotten uns
ins Leben mitgegeben haben: Pflichtgefühl. Blaha war der
einzige Lehrer, der uns im Bedarfsfall mit bloßer Hand
oder mit dem Lineal verdroschen hat. Und keinen hatten
wir so gern wie ihn.

*

In dieser Zeit hatte meine Schwester Renée unserer Großmutter wieder einen Schock versetzt. Nachdem ihr Mann
sie betrogen und verprügelt hatte, war sie wieder heimge-
kommen. Da hörte ich wieder Schumann und Chopin.
Und wieder nicht lange. Sie heiratete einen Unadeligen
jüdischer Abstammung. Das war viel auf einmal für die
alte Dame. Aber sie wußte sich zu helfen. Der neue
Schwiegerenkel hieß Nossal. Da betonte sie diesen jüdischen, böhmischen Namen auf der letzten Silbe. Und,
siehe, er klang französisch und beinahe vornehm. Das
zeigt, daß sie die schwere Umstellung, die ihrer Generation auferlegt war, mit Humor trug.
Rudolf Nossal war ein leidenschaftlicher Gottsucher.
Durch ihn kam ich zu Bô Yin Râ. Das war ein Deutscher
namens Müller. Er reichte östliches Weisheitsgut in klarer,
deutscher Sprache. *Das Buch vom Glück* ist ein dünnes
Bändchen und kann doch die Welt aufwiegen. »Hast Du
jemals ein Kind gesehen, das eine Burg aus Sand erbaute,

und fröhlich in die Hände klatschte, als sein Werk vollendet war? Hier hast Du Deinen Meister gefunden, Du, den nach Glück verlangt. ... Alles Glück der Erde, und von ihm nur soll in diesem Buche die Rede sein, ist ein Glück des Schaffenden.« Bô Yin Râ entwickelt dann die Lehre von der Welt als einem Ganzen, das in bewegtem Gleichgewicht ruht, in dem geistige Gesetze in gleicher Weise walten, wie physikalische, in dem jede Tat, jeder Gedanke sich bis zu ihren letzten Konsequenzen auswirken müssen, in dem keiner mehr nehmen darf, mehr halten kann, als er gibt. Später habe ich diese Erkenntnisse lapidarer und subtiler ausgedrückt gefunden. Damals aber öffnete Bô Yin Râ mir die Augen. Und er öffnete mir die Ohren für altvertraute Worte. Da heißt es: »Suchet vor allem das Reich Gottes und seine Gerechtigkeit, so wird Euch alles Übrige beigegeben werden.« Aber Jesus sagt auch: »Das Reich Gottes ist nicht da oder dort; es ist in Euch«, und zeigt dadurch eine Kraft im Menschen auf, deren »Gerechtigkeit«, deren Gesetzesbedingungen zu erfüllen sind, wenn »alles Übrige beigegebenen werden« soll.

Bô Yin Râ war Freimaurer. Mein Schwager war es auch. Er wollte mich später in seine Loge einführen. Dahin konnte ich ihm aber nicht folgen; nicht geistig, weil ich religiös gebunden war, und nicht politisch, weil seine Loge den Anschluß an Deutschland forderte.

Bô Yin Râ war für mich ein Aufbruch. Aber die gewaltigste Offenbarung blieb die Musik. Wagner war immer noch mein Prophet. Und in diesen Cherubino-Jahren steckte ich halb beglückt, halb schmerzlich in der Venus-Gral-Spannung. Als aber dann ein Mädchen in mein Leben trat, war sie keine Operngestalt. Sie war eine Mozart-Sonate, so klar und so klingend. Ich war fünfzehn Jahre alt. 1923. Ich habe sie immer nur in Gesellschaft gesehen. Bei ihrer Hochzeit habe ich sie von allen Seiten photographiert. Erst als wir beide über siebzig waren, habe ich ihr gesagt, was für ein Sonnenaufgang die Begegnung mit ihr für mich war.

Dieser Sonnenaufgang wurde mein wichtigstes Ereignis der frühen zwanziger Jahre. Für andere mögen die technischen Errungenschaften interessanter gewesen sein. Da war einmal die Umstellung auf den automatischen Telephonverkehr. Bis dahin war es so: Man drehte eine Kurbel, es meldete sich die Telephonistin, und man sagte ihr die gewünschte Nummer. Wer, wie meine Mutter, nicht gern wartete, sagte dazu: »Bitte starkes Signal.« Dann bekam man die Verbindung oder die Auskunft: »Besetzt.« Unternehmungslustige Jünglinge sahen in dieser Einrichtung aber auch eine andere Chance. Davon zeugt der Schlager:

> Hallo, Du süße Klingelfee,
> Hallo, wenn ich so vor Dir steh,
> Da faßt mich stets der Kummer,
> Ich komm zu keiner Nummer
> Und wär so gern verbunden
> Auf Stunden
> Mit Dir.
> Hallo, Du machst mich desparat,
> Hallo, bei mir, da streikst Du grad.

Mit dieser Klingelfeeromantik war es also aus. Bald aber inspirierte eine umwälzende technische Neuerung die Schlagermacher zu einer neuen Glanzleistung.

> Die schöne Adrienne
> Hat eine Hochantenne
> Aus aller Herren Ländern
> Empfängt sie von den Sendern.

So wurde im Jahre 1924 die Aufnahme von Publikums-Sendungen durch Radio Wien begrüßt. Schlager sagen etwas aus. Was ist dem Wiener Charme passiert? Ein Vergleich dieser und anderer Texte mit den frischen Liedern des Jack Smith oder mit den Chansons der Lucienne Boyer könnte uns etwas Bescheidenheit lehren.

Freilich gab es dann auch ernste Kommentare. In seiner 1931 erschienenen »Kulturgeschichte der Neuzeit« behandelt Egon Fridell den 1927 aufgekommenen Tonfilm und das Radio in einem. Da heißt es: »Solange der Kinematograph stumm war, hatte er außerfilmische, nämlich seelische Möglichkeiten. Der Tonfilm hat ihn entlarvt; und vor aller Augen und Ohren breitet sich die Tatsache, daß wir es mit einer rohen toten Maschine zu tun haben. Der Bioskop tötet nur die menschliche Gebärde, der Tonfilm auch die menschliche Stimme, dasselbe tut das Radio; zugleich befreit es vom Zwang der Konzentration, und es ist jetzt möglich, gleichzeitig Mozart und Sauerkraut, Sonntagspredigt und Skatspiel zu genießen. Kino wie Radio eliminieren jenes geheimnisvolle Fluidum, das sowohl vom Künstler wie vom Publikum ausgeht und jede Theatervorstellung, jedes Konzert, jeden Vortrag zu einem einmaligen seelischen Ereignis macht. Die menschliche Stimme hat Allgegenwart, die menschliche Gebärde Ewigkeit erlangt, aber um den Preis der Seele. Es ist der Turmbau zu Babel: ›Und der Herr sprach: wohlauf, laßt uns herniederfahren und ihre Sprache verwirren, daß keiner des anderen Sprache vernähme.‹ Es werden durch Rundfunk bereits Nachtigallenkonzerte und Papstreden übertragen. Das ist der Untergang des Abendlandes.«

Wer hat noch einen stummen Film gesehen? Im Rahmen der Wiener Festwochen 1980 wurde im Musikverein der Rosenkavalier-Film aus dem Jahre 1926 gezeigt. Ein interessantes Zeitdokument. Heute ist es unvorstellbar, daß so etwas ernst genommen wurde. Daß das Drehbuch die Frucht eines faulen Kompromisses zwischen den Künstlern und den Produzenten war, ist ein Fall für sich. Darüber hinaus wird aber offenbar, daß der stumme Film an sich zur Wiedergabe eines Schauspiels ungeeignet war. Der Text wird zu Telegramm-Spruchbändern verstümmelt. Der Gebärde wird die Natürlichkeit genommen. Denn die Gefühle müssen deutlich »registriert« werden. Wie da die Marschallin bei Nacht von Sehnsucht getrieben aus dem Bett steigt und, die Hände an die Brust gepreßt, sich windet! Liebesnot? Nein, Soda bicarbona braucht sie.

Ja: Der stumme Film tötet die Gebärde. Tötet der Tonfilm auch die Sprache? Robert Musil sagt: »Seit Gott in seiner nicht immer begreiflichen Güte die Sprache auch den Erzeugern von Tonfilmen verlieh...«

Das Jahr 1927 brachte noch ein Ereignis, das die Welt verändern sollte. Am 20. und 21. Mai überquerte Charles A. Lindbergh im Alleinflug in 33½ Stunden zwischen New York und Paris den Atlantischen Ozean.

So errichteten die Zwanzigerjahre tragende Fundamente unserer Zivilisation: Selbstwahl-Telephon, Radio, Tonfilm, Flugverkehr. *Ist* das der Untergang des Abendlandes? Ist *das* der Untergang des Abendlandes?

C. J. Burckhardt schrieb im Jahre 1922 an Hofmannsthal: »Gibt es so wenige, die die Schrift an der Wand zu lesen vermögen, die Schrift unserer Kunst und Musik?« Und der Surrealist Louis Aragon schrieb am 18. IV. 1925: »Wir werden mit allem fertig werden und vor allem werden wir diese Zivilisation – – ruinieren.

Abendländische Welt, Du bist zum Tode verurteilt. Wir sind die Defaitisten Europas... Wir werden überall die Keime der Unordnung und der ›malaise‹ beschwören.«[*]

* Fragments d'une Conférence prononcée à Madrid à la »Residencia des Estudiantes« in »Révolution surréaliste« Nr. 4

Die beiden Bände des Werkes »Der Untergang des Abendlandes« von Oswald Spengler sind in den Jahren 1918 und 1922 erschienen.

*

Gegen Ende des Jahres 1923 geschah etwas, das die Phantasie der Ober-Gymnasiasten erhitzte: Ein am 20. April 1889 geborener Österreicher namens Adolf Hitler, der den Krieg im deuschen Heer mitgemacht, dann eine gegen die Herrschaft der Sozialdemokratie in Bayern gerichtete »Nationalsozialistische Arbeiterpartei« gegründet und nach der Besetzung des Ruhrgebietes durch die Alliierten (Jänner 1923) erstmalig einen größeren Wirbel gemacht hatte, überfiel am 8. XI. 1923 mit 600 Bewaffneten den Münchner Bürgerbräukeller, wo gerade die führenden Männer der bayerischen Regierung versammelt waren, erklärte die Regierung in Berlin für abgesetzt und kündigte einen Marsch auf Berlin und die Einsetzung einer »nationalen Regierung« unter General Ludendorff an. Dieser stellte sich ihm zur Verfügung. Aber der Putsch wurde niedergeschlagen. Hitler und Ludendorff wurden verhaftet. Hitler wurde zu fünf Jahren Festungshaft verurteilt und seine Verbände wurden aufgelöst. Nach 13 Monaten war er wieder frei und hatte »Mein Kampf« geschrieben.

Gab es schon früher politische Diskussionen in der Schule? Hat Mussolinis Marsch auf Rom (28. X. 1922) uns nicht interessiert? Ich kann mich nicht erinnern. Jetzt aber ging es los. Es zeigte sich, daß wir zwei Nationalsozialisten in der Klasse hatten. Der eine war Idealist, der andere Romantiker. Sie sprachen schwungvoll und leidenschaftlich: Die Schanddiktate von St. Germain und Versailles! Das jämmerliche Versagen der Demokratie! Die Aussichtslosigkeit, so weiterzukommen! Das klang überzeugend genug. Antireligiöse oder antisemitische Äußerungen sind nicht gefallen. Was hat mich davor bewahrt, in den Sog dieser Bewegung zu geraten? Ich glaube, es lag primär daran, daß ich vom Geist der alten Monarchie geprägt war und Österreich, als ihr Kernstück, mir mehr bedeutete als »ein integrierender Bestandteil des Deutschen Reiches«, wie es in der Geburtsurkunde Deutsch-Österreichs hieß. Allein schon im Bereich der Musik – aber keineswegs nur dort – habe ich die Verbundenheit mit Deutschland lebendig empfunden. Aber die Aufgabe der österreichischen Eigenstaatlichkeit war mir so unvorstellbar wie das Ausziehen meiner Haut. Dabei war es zunächst egal, ob der Anschluß an Deutschland von demokratischer Seite oder nationalsozialistischer Seite gefordert wurde. Im Falle des Nationalsozialismus kam dann bei näherer Bekanntschaft noch eine weltanschauliche, und ich möchte sagen: vegetative Abneigung dazu.

Der idealistische und der romantische Nazi waren aber nicht die einzigen politisch engagierten Mitschüler. Da war Adalbert Spann, der Sohn Othmar Spanns. Er war ein kühler Intellektueller. Seine Argumentationen waren logisch aufgebaut. Es fehlte ihnen aber das Feuer. Mit den schwungvolleren Tiraden der Nazis hatten sie die Verteufelung der parlamentarischen Demokratie gemeinsam. Die absolute Mehrheit hat immer unrecht. Von diesem Satz Ibsens ging er aus. Die Stimmen sollten daher nicht gezählt, sondern gewogen werden. Nicht die meisten, sondern die Besten sollten den Ausschlag geben. Das schien einleuchtend. Aber wie die Besten aus den meisten destilliert werden sollten, wurde mir nicht klar. Überhaupt waren seine Ausführungen zu hoch für mich. Von Plato wußte ich damals nur soviel, daß Wolfram von Eschenbach in Wagners »Tannhäuser« die platonische Liebe besang. Und das war mir verdächtig. Ohne mich abzustoßen, ließ mich die Spann'sche Ständestaat-Alternative zum Nationalsozialismus kalt. Daß die parlamentarische Demokratie am Ende sei und etwas anderes kommen müsse, lag damals in der Luft. Aber ich fühlte mich nicht berufen »mitzutun, um etwas ins Rollen zu bringen«, wie die schon früh politisch engagierten Kollegen es predigten. Ich traute mir nicht zu, vorauszusehen, wohin die Steine rollen würden. Schließlich waren wir damals sechzehn, siebzehn, achtzehn Jahre alt. Auch hatte ich Plage genug mit der Schule. Und meine Phantasie schwang im Künstlerischen aus.

Zu der Musik kam jetzt das Theater. Im Burgtheater grüßte der Logendiener vor der alten Kaiserloge, die der Bundespräsident meinem Vater oft überließ, noch mit »tschamster Diener«. Dann geleitete er uns durch einen geräumigen Salon in die Garderobe. Von dieser führte eine Tapetentüre in einen kleinen runden Raum. In dessen Mitte stand ein Dreifuß. Und auf dem Dreifuß stand ein Potschamperl – auf deutsch gesagt ein Nachttopf – aus weißem Porzellan mit Goldrand. Des Kaisers Klo.

Im Theater ging mir dann der Vorhang auf die Welt auf, auf die Welt im Menschen und um ihn, so wie sie von den Dichtern geschaut wird. Eindrücke. Formendes Berührtsein im Lachen über den Striese des alten Thiemig, in der Ergriffenheit über Hanneles Himmelfahrt, in der Erschütterung durch die Gretchen-Tragödie. Am 8. V. 1925 habe ich im Burgtheater mitten im Peer Gynt einen Mord erlebt. Erst am Abend darauf in einem Arien- und Lieder-Abend der Jeritza habe ich mich von dem Schock erholt. Und doch war das nichts im Vergleich zu dem Entsetzen, das mich in der Gretchen-Tragödie packte. Lange konnte ich nicht ohne Schaudern an Faust denken. Denn die Wahrheit der Kunst reicht tiefer als die Wirklichkeit.

Damals wurde im Burgtheater Musik gemacht. Da

konnte man mit geschlossenen Augen dasitzen und sich tragen lassen vom Fluß der Sprache im Klang des edelsten Instrumentes, im Klang der menschlichen Stimme. *Iphigenie*. *Tasso*. Else Wohlgemuth. Als sie das erste Mal im Burgtheater vorgesprochen hatte, wurde sie fortgeschickt. Dann war sie eine der größten Künstlerinnen auf den Brettern dieses Hauses. Königliche Schönheit, samtig dunkle Stimme, ausschwingendes Gemüt. So nahm sie uns gefangen. Reinhardt wollte sie gewinnen. Er rang um sie. Nur er könne sie zu voller Entfaltung bringen. Sie hielt der Burg die Treue. Da drahtete er: »Nicht einer Institution, sich selbst soll einer treu sein.« Sie blieb in der Burg. Und dort war sie eine unter anderen Großen. Nur eine will ich noch nennen. Sie war ihr Gegenpol. Alma Seidler.

> Es läuft der Frühlingswind
> Durch kahle Alleen,
> Seltsame Dinge sind
> In seinem Wehn.

Vielleicht kann dieser Vers Hofmannsthals eine Ahnung vom Zauber dieser Frau wecken. Ein Frühlingswind war sie auch noch im Alter.

Und die Burg war nicht die einzig bedeutende Bühne in Wien. Da gab es auch Max Reinhardt, diesen genialen Regisseur. Camillo Castiglioni ließ für ihn das Theater in der Josefstadt umbauen (1924). Castiglioni, dessen Hände und dessen Geld bei der Gründung der Salzburger Festspiele mit im Spiel waren, richtete ihm das Schloß Leopoldskron ein. Castiglioni war ein Mäzen im Stil der Renaissance-Fürsten. In sein Wiener Palais lud er zu königlichen Festen. Da tanzte im Garten das Opernballett auf dem Rasen um den Teich. Und in seinem Landhaus am Grundlsee empfing er ausgesuchte Gäste in kleinem Kreis. Er war eine Kröte, seine Frau ein Prinzeßchen. Das ließ an alte Märchen denken. Mein Vater lehnte es ab, mit ihm zu verkehren. Er konnte reiche Leut' nicht leiden und Neureiche schon gar nicht. Meine Mutter nahm seine Einladungen gerne an und ich auch. Da holte uns der Chauffeur Bösenkopf mit dem Mercedes-Kompressor in Traunkirchen ab und brachte uns an den Grundlsee und einmal auch nach Salzburg zu den Festspielen. Später einmal, als ich, Gast des Salzburger Erzbischofs, in der Residenz wohnen durfte, wollte Castiglioni mich zu einem Ball nach Grundlsee entführen. Aber ich zog es vor, Helene Thiemig, die Gattin Reinhardts, als Iphigenie zu hören. Es war eine fast unheimlich bewegende Aufführung. In der Pause tat es mir wohl, zu den Sternen zu schauen. Das war aber schon nach der Matura. 1927?

Maturiert habe ich im Jahre 1926. Um bei der herrschenden Arbeitslosigkeit unter den Akademikern den Andrang an die Hochschulen zu bremsen, wurde damals die Matura erschwert. Wir mußten in einem Gegenstand eine Dissertation schreiben und in einem anderen uns einer besonders strengen Prüfung unterziehen. Die Wahl der Materien war uns überlassen, und ich entschied mich für Religionslehre und Mathematik. Damals hatte ich noch nicht erfaßt, daß es in beiden Disziplinen um das gleiche geht: Um die innere Ordnung des Ganzen. Auf diese spätere Erkenntnis habe ich mir dann viel eingebildet, bis ich fand, daß Novalis sie schon etwas früher ausgesprochen hatte.

Meine Dissertation nannte ich »Vernunft und Glaube«. Ihrer Aussage nach hätte sie »Verstand und Glaube« heißen sollen. Denn damals hatte ich einen Heiden-Respekt vor der Ratio. Und so brauchte ich ihre Bestätigung und bemühte mich darzulegen, daß sie uns zum Glauben führt oder doch an die Schwelle des Glaubens. Es genügte mir nicht, das, was ist, zu vernehmen. Ich wagte noch nicht zu bekennen, was mich bewegte, was ich später bei Pascal ausgesprochen fand: »Le cœur a ses raisons, que la raison ne connaît point.« Das Herz versteht, was dem Verstand entgeht.

Student in gewittrig knisternder Zeit

Nun hatte ich die Matura. Und was nun? Von früher Kindheit an hatte ich Respekt vor dem Staatsdienst. Dazu kam dann die Bewunderung für die staatstragende Funktion der Verwaltung in der schwersten Nachkriegszeit. Diese Karriere war aber durch eine absolute Aufnahmesperre auf unabsehbare Zeit verschlossen. »10 bis 15 Jahre« lauteten die Prognosen. Die Dirigenten-Laufbahn, die mich passioniert hätte, kam nicht in Frage. Denn ich verstand genug davon, um zu wissen, daß perfektes Klavierspiel Voraussetzung wäre. Und obwohl ich darin jetzt guten Unterricht hatte, war mir klar, daß ich es nie zu einem Pianisten bringen würde, denn ich hatte ungeschickte Hände. Auch mußte ich schnell ins Verdienen kommen. Das Vermögen meines Vaters war futsch und sein Sektionschefgehalt bescheiden. So entschied ich mich für Jus, weil dieses polyvalente Studium mich für eine ganze Reihe von Berufen qualifizieren würde. Es war also eine rein opportunistische Entscheidung. Dann war es eine glückliche Überraschung, daß die Materie mich interessierte. Der klar geordnete Aufbau des römischen Rechtes, die Lebensnähe des deutschen fesselten mich, das geltende Recht gab mir eine Vorschau auf das praktische Leben. Daß ich mich leidenschaftlich für das Studium engagierte, geschah aber nur, um es rasch hinter mich zu bringen und ins Leben treten zu können.

Mein erster Auftritt in der Universität führte dann zu einer Kopfwaschung seitens des Pedellen. Ich hatte in

einem Formular als Volkszugehörigkeit »österreichisch«
eingesetzt. Das war damals ein Kapitalverbrechen. Dabei
hatte ich es ohne die geringste demonstrative Absicht
getan. Bei einiger Überlegung wäre ich vielleicht selbst
daraufgekommen, daß meine Muttersprache deutsch war
und daher meine Volkszugehörigkeit auch. Dieser Krach
gab mir einen Vorgeschmack von der gewittrig knistern-
den Atmosphäre meiner Studienjahre. Es war keineswegs
so, daß eine Mehrheit der Studenten deutschnational oder
gar nazistisch gewesen wäre. Aber die Unzufriedenheit
mit dem status quo zog weite Kreise. Alles sollte anders
werden. Die Demokratie war diskreditiert. Schon in
meinem ersten Studienjahr (1926/1927) bot sie ein jäm-
merliches Schauspiel.

Zur Vorgeschichte: Vom Anfang der Republik bis zum
10. Juni 1920 gab es Koalitionsregierungen zwischen Sozialdemokraten und Christlichsozialen. Staatskanzler war
jeweils Karl Renner, Vizekanzler der Vorarlberger Bauer
Jodok Fink. Das historische Verdienst dieser Regierungen
ist, daß sie kommunistische Putschversuche vereitelten,
wobei sich der Polizeipräsident Johannes Schober die
Sporen verdiente. Wirtschaftlich brachten sie aber nichts
weiter. Die Produktion war lahm. Die Notenpresse über-
schwemmte das Land mit wertlosem Papiergeld, dem
keine Waren gegenüberstanden. Mit Papiergeld konnte
man im Ausland nichts kaufen. Aber das Ausland kaufte
billig Papiergeld. So brachten die Schieber Werte aller Art
außer Landes. Hunger, Demonstrationen, Plünderungen.
Die Alliierte Reparationskommission, welche die Leistung der Österreich aufgebürdeten Kriegsentschädigun-
gen überwachen sollte, half mit Lebensmittelkrediten. So
frettete sich das Land von Woche zu Woche durch. Ein
konstruktives Wirtschaftskonzept gab es nicht. Es gab
planlose Verschwendung. Es gab die Notenpresse. Die

Alliierten drohten mit Zwangsverwaltung der Staatsein-
nahmen.

Nach dem Auseinandergehen der Koalition (10. Juni
1920) kam es am 17. Oktober 1920 zu Wahlen, die den
Sozialdemokraten eine schwere Niederlage brachten. Die
Christlichsozialen wurden die stärkste Partei. Der Tiroler
Michael Mayr bildete eine Regierung aus Christlichsozialen und Beamten, die im Parlament von den Großdeutschen unterstützt wurde. Wirtschaftlich brachte auch
diese Regierung keine entscheidende Wende. Sie hatte
auch nicht Zeit dazu. Denn die Großdeutschen ließen sie
schon nach etwa einem halben Jahr purzeln. Bei Volksbefragungen in Tirol und Salzburg hatten 98,8 % bezie-
hungsweise 99,3 % der Teilnehmer für den Anschluß
gestimmt.* Als dann auch in der Steiermark über die
Anschlußfrage abgestimmt werden sollte, setzten die Alliierten den Kanzler mit der Drohung der Einstellung der
Lebensmittelkredite unter Druck. Er ließ die Befragung
abblasen. Damit war er für die Großdeutschen erledigt.

Am 21. Juni 1921 bildete der angesehene Polizeipräsident Johannes Schober eine Regierung, der vorwiegend
Beamte, ein Christlichsozialer und ein Großdeutscher
angehörten. Am 16. Dezember 1921 unterzeichnete er auf
Schloß Lana mit der tschechoslowakischen Regierung
einen Kreditvertrag: 500 Millionen Tschechenkronen für
den Ankauf von Kohle und Zucker. Die Christlichsozialen und die Sozialdemokraten stimmten zu. Die Großdeutschen waren bös. Sie meinten, daß Österreich sich
dadurch der Möglichkeit begebe, für das Selbstbestim-
mungsrecht der Sudetendeutschen einzutreten. Bald ließen sie Schober fallen.

Einige Monate später, am 31. Mai 1922, kam es zur ersten

* Aus »Der Staat, den keiner wollte« von Hellmut Andics, Goldmann
Verlag

Regierung Seipel. Der Wert der Krone war auf ein Fünfzehntausendstel gesunken. Das wirtschaftliche Konzept Seipels war: Ankurbelung der Produktion, Erstellung eines gesunden Budgets, Stillegung der Notenpresse. Dazu bedurfte es eines bedeutenden Kredites. Seipel erhielt ihn unter Völkerbundgarantie durch die am 4. Oktober 1922 mit England, Frankreich, Italien und der Tschechoslowakei unterzeichneten Genfer Protokolle. Als Gegenleistung verpflichtete sich Österreich, auf 20 Jahre seine Unabhängigkeit nicht aufzugeben, was praktisch nur eine Erinnerung an das im Friedensvertrag von St. Germain verankerte Anschlußverbot war. Die Verwendung des Kredites sollte durch einen Völkerbundkommissär überwacht werden.

Das Sanierungswerk Seipels bedeutete nicht den Einzug in das Schlaraffenland. Es war die Abkehr von dem »mit Almosen von der Hand in den Mund leben«. Es war der Übergang zu einem ausgeglichenen Wirtschaften. Es war das Einstellen der Notenpresse, das Ende der Inflation. Es war der Abschied vom Hunger. Die Großdeutschen stimmten trotz des Verzichtes auf den Anschluß zu. Deutscher als die Großdeutschen waren aber die Sozialdemokraten. In turbulenten Sitzungen des Parlaments, in Brandartikeln der Presse, in stürmischen Versammlungen lehnten sie das Sanierungswerk ab. Die Volksbefragungen in Tirol und Salzburg hatten gezeigt, wie populär der Anschlußgedanke war. Die sozialistische Verteufelung des Anschlußverzichtes nur aus dem Gesichtswinkel des Wählerfanges zu sehen, wäre aber ungerecht. Denn von Anbeginn der Republik an waren die Sozialdemokraten voll und ganz auf den Anschluß ausgerichtet. Obwohl der Chef der britischen Militärmission, Oberst Cuningham, dem Verbindungsoffizier Oberstleutnant Viktor Seiller am 16. April 1919 inoffiziell gesagt hatte, daß Österreich bei einem Verzicht auf den Anschluß mit weniger harten Friedensbedingungen rechnen könne, und obwohl der französische Gesandte Allizé über den Chefredakteur der *Reichspost,* Friedrich Funder, eine ernste Warnung ergehen ließ, erklärte Staatskanzler Renner bei seiner Abreise zur Pariser Friedenskonferenz: »Der Anschluß ist unser ewiges Recht, das wir uns holen werden, und sei es von den Sternen.« Die Ablehnung des Verzichtes auf den Anschluß entsprach also der von den Sozialdemokraten grundsätzlich verfolgten Politik. Gegen den Lana-Vertrag haben sie allerdings nicht opponiert, obwohl Schober die Einhaltung des Vertrages von St. Germain und somit auch die Beachtung des Anschlußverbotes garantieren mußte.

Da die Großdeutschen den Genfer Protokollen zustimmten, hatte Seipel im Parlament eine bequeme Mehrheit hinter sich. Für einzelne Punkte, die Verfassungscharakter hatten, war aber die Zweidrittel-Mehrheit erforderlich. Das schuf für die Sozialdemokraten eine heikle Lage. Sollten sie es auf sich nehmen, das Sanierungswerk zu Fall zu bringen? Wo doch der Anschluß im Hinblick auf die Friedensverträge und die damals herrschenden Machtverhältnisse ohnehin nicht in Frage kam? Da wurde ein Kompromiß gefunden. Die Sozialdemokraten stimmten für die Bestimmungen, die der Zweidrittel-Mehrheit bedurften und gegen die anderen. So konnten sie kaufen und schimpfen zugleich. Ende gut, alles gut? Nein. Denn, während die Sozialdemokraten die Regierungen Mayr und Schober zeitweise zumindest stillschweigend unterstützten, schalteten sie jetzt auf totale Opposition. Dabei kam ihnen zugute, daß das Land nach der inflationistischen Verschwendungswirtschaft nur durch unpopuläre Maßnahmen in Ordnung gebracht werden konnte. Ihre Angriffe zielten auf den Mann der Sanierung, auf Seipel. Am 1. Juni wurde er durch ein Revolverattentat schwer verletzt. Die Fronten verhärteten sich. Der politische Kampf eskalierte, artete in tragische Dimensionen aus. Das geschah im Jahre 1927.

Am 30. X. 1926 beschlossen die Sozialdemokraten in Linz ein von Otto Bauer redigiertes Parteiprogramm, das den Bürgerkrieg als letzte Waffe im Klassenkampf in Betracht zog. Wie immer das gemeint war, das Wort »Bürgerkrieg« wirkte brisant. Denn die Sozialdemokraten hatten eine Parteiarmee und sie hatten Waffen.

Am 30. I. 1927 verprügelte im burgenländischen Dorf Schattendorf eine Übermacht von sozialdemokratischen Schutzbündlern einen kleinen Trupp Frontkämpfer und marschierte dann drohend zu einem Gasthaus, wo andere Frontkämpfer versammelt waren. Da schossen 3 Burschen – aus Angst? aus krimineller Indianerspielerei? – aus dem Fenster. 2 Tote, 5 Verwundete.

Im März 1927 wollte die Regierung ein Waffenlager des sozialdemokratischen Schutzbundes beschlagnahmen, zog sich aber vor der Mobilisierung des Schutzbundes und der Androhung gewaltsamen Widerstandes blamiert zurück.

Am 14. VII. 1927 billigten die Geschworenen, also ein Volksgericht, den Schattendorfer Hysterikern oder Verbrechern zu, in Notwehr gehandelt zu haben und sprach sie frei. Die sozialdemokratischen Arbeiter waren empört. Der Chefredakteur der Arbeiter-Zeitung, Friedrich Austerlitz, ließ in einem aufpeitschenden Leitartikel wieder das Wort »Bürgerkrieg« blitzen. Da stürmten die Arbeiter auf die Straße und steckten den Justizpalast in Brand. Weder die verantwortungsbewußten sozialdemokratischen Führer noch die Exekutive konnten das verhindern. Die berittene Polizei konnte nichts ausrichten. Gewehre hatte die Polizei nicht. Der Heeresminister Carl Vaugoin lehnte die Herausgabe von Schußwaffen ab. Das dürfe er nur auf Grund eines Ministerratsbeschlusses tun. Jetzt gab der Polizeipräsident Johannes Schober der Polizei den Befehl, sich die Gewehre gewaltsam zu holen. Da stand der Justizpalast aber schon in Flammen. Die Ereignisse lassen sich nicht widerspruchslos rekonstruieren. Irgendwann knallte ein Schuß. Wann? Wer hat geschossen? Es heißt, es sei ein Kommunist namens Fiala gewesen. Die Polizei feuerte in die Menge. 84 Tote, zahllose Verwundete. Und diese Tragödie erhielt ein operettenhaftes Nachspiel. Der Herausgeber der »Fackel«, Karl Kraus ließ die Stadt mit Plakaten überpflastern, in denen er den Polizeipräsidenten aufforderte zurückzutreten. Daraufhin forderte der »Füllfederkönig«, ein publizitätsgewandter Geschäftsmann, Schober in ebensovielen Plakaten auf, im Amt zu bleiben.

Was sollten die Studenten dazu sagen? Was war das für eine Regierung, die nicht in der Lage war, die Herausgabe eines Waffenlagers durchzusetzen, das, laut Linzer Programm, offensichtlich für den Bürgerkrieg bestimmt war? Was war das für eine Exekutive, die den Brand des Justizpalastes nicht verhindern konnte? Zum Teufel mit der Demokratie!

Daß die Dinge nicht so einfach waren, daß Österreich erst unter buchstäblich fürchterlichen Verhältnissen die Spielregeln der Demokratie lernen mußte, daß es Seipel immerhin geglückt war, das Land aus dem schwärzesten Elend zu führen, daß es den Sozialdemokraten immerhin gelungen war, die Kommunisten auszumanövrieren, das waren zu nüchterne Erwägungen. Die Studenten hörten auf knallige Sätze. Mit der Ungenauigkeit, die allen Generalisierungen eigen ist, läßt sich sagen: »Alles muß anders werden!« war das Programm einer Jugend, der eine trübe Zukunftsvision vor Augen stand. Um die Überflutung der akademischen Berufe zu drosseln, wurde das Studium schwer gemacht. Und hatte dann einer alle Hürden genommen, stand er da und wußte nicht, was tun. Das radikalisierte die Jugend. Wie immer? Mehr als immer. Die Sozialisten neigten eher Otto Bauer zu als Seitz oder Renner; die Großdeutschen, und nicht nur sie, schlossen sich den Nazis an, andere den Heimwehren, die Österreich bejahten, und selbst wer nicht politisierte, konnte sich nicht der Parole verschließen: »Es gehört eine starke Hand her.«

Die Nazis hatten freilich noch andere Kampfworte. Am Silvesterabend 1927 wurde in der Oper Křeneks »Jonny spielt auf« gegeben. Darauf erschien nebenstehendes Plakat.

Da mußte man doch meinen: »Il ny a que le ridicule qui tue.« Nur das Lächerliche ist tödlich. Aber nein. Es ist beschämend, zugeben zu müssen, daß es sich hier um ein vielleicht extremes Beispiel einer gezielten und erfolgreichen Propaganda handelte. Der Antisemitismus war zugkräftig. Der das Volk ausplündernde Jude, der alle sittlichen Werte zersetzende Jude, das waren Kampfbilder der nationalsozialistischen Propaganda. Daß unter den Neureichen der Nachkriegszeit viele Juden waren, daß in Politik und Publizistik viele Juden führend, also exponiert waren, kam dieser Propaganda zugute. Die prominentesten Exponenten des linken Flügels der Sozialdemokratischen Partei waren Juden: der Mörder des Ministerpräsidenten Graf Stürgkh (1916) Friedrich Adler, der Autor des Linzer Parteiprogrammes, das mit Bürgerkrieg drohte, Otto Bauer, der Gründer der Volkswehr, Julius Deutsch und der Verfasser des verhängnisvollen Leitartikels vom 15. Juli 1927, Friedrich Austerlitz. Daß diese Männer nicht nur zerstören wollten, sondern auf ein kreatives soziales Konzept hinarbeiteten, war irrelevant. Sie waren für die Mehrheit der Bevölkerung das rote Tuch,

Wiener und Wienerinnen!

Die Zersetzung und Vergiftung unserer bodenständigen Bevölkerung durch das östliche Gesindel nimmt einen gefahrdrohenden Umfang an. Nicht genug, daß unser Volk durch die Geldentwertung einer durchgreifenden Ausplünderung zugeführt wurde, sollen nun auch alle sittlich-kulturellen Grundfesten unseres Volkstumes zerstört werden.

Unsere Staatsoper

die erste Kunst und Bildungsstätte der Welt, der Stolz aller Wiener,

ist einer frechen jüdisch-negerischen Besudelung zum Opfer gefallen.

Das Schandwerk eines tschechischen Halbjuden

»Jonny spielt auf«

in welchem Volk und Heimat, Sitte, Moral und Kultur brutal zertreten werden sollen, wurde der Staatsoper aufgezwungen. Eine volksfremde Meute von Geschäftsjuden und Freimaurern setzt alles daran, unsere Staatsoper zu einer Bedürfnisanstalt ihrer jüdisch-negerischen Perversitäten herabzuwürdigen.

Der Kunst-Bolschewismus erhebt frech sein Haupt.

Die Schamröte muß jedem anständigen Wiener ins Gesicht steigen, wenn er hört, welche ungeheuerliche Schmach und Demütigung der berühmten Musikstadt Wien durch volksfremdes Gesindel angetan wurde.

Da die christlich-großdeutsche Regierung diesem schamlosen Treiben untätig zusieht und von keiner Seite eine Abwehr versucht wird, so rufen wir alle Wiener zu einer

Riesen-

Protest-Kundgebung auf, in welcher über die Wahrheit der jüdischen Verseuchung unseres Kunstlebens und über die der Staatsoper angetane Schmach gesprochen werden wird.

Christliche Wiener und Wienerinnen, Künstler, Musiker, Sänger und Antisemiten erscheint in Massen und protestiert mit uns gegen diese unerhörten Zustände in Österreich.

Ort: Lembachers Saal, Wien III., Landstraße-Hauptstraße
Zeitpunkt: Freitag, den 13. Jänner 1928, 8 Uhr abends.
Kostenbeitrag: 20 Groschen · Juden haben keinen Zutritt.
Nationalsozialistische Arbeiterpartei Großdeutschlands.

und sie waren Juden. Das genügte. Und das Kampfwort »Jüdisch-marxistisch« war umso brauchbarer, als Marx und Trotzky Juden gewesen waren. Jude war auch einer der übelsten Journalisten dieser Zeit: Imre Bekessy. Er begann seine Karriere in Ungarn als Pressemann des bolschewistischen Diktators Bela Kun, ging nach dessen Sturz nach Wien und gründete das Boulevardblatt »Die Stunde«, das von echten, aufgebauschten und erfundenen Skandalgeschichten lebte. Ein Verkaufstrick dieses Blattes war, daß es im Laufschritt kolportiert wurde, was Spannung, Erregung erzeugte. Wir nannten es, »Die laufende Stunde«. Bekessy war für die antisemitische Propaganda ein treffendes Beispiel des schmutzigen Juden. Und Jude war der Herausgeber der »Fackel«, der ihm schließlich den Garaus machte; Karl Kraus. Dieser geniale Mann, der nicht nur linke, sondern auch bürgerliche Intellektuelle begeisterte, und, wie der Fall Bekessy zeigt, nützliche Straßenkehrerarbeit leistete, der die Sprache virtuos beherrschte, war wie kaum ein anderer geeignet, das Klischee vom zersetzenden, zerstörenden Juden zu bestätigen. Er war ein Hasser. Er haßte Heinrich Heine, er haßte Franz Josef I., er haßte die Werte und die Traditionen der Monarchie, er haßte Hofmannsthal und er haßte Franz Werfel. Und, was er haßte, das vergiftete er mit spitzer Feder. Auch seine Liebe zur Sprache kam den meisten nur in polemischen Schriften entgegen. Wer las seine Gedichte?

Der zersetzende, zerstörende Jude. Dieses Kampfbild schürte den Haß. Es erzeugte Abwehr-, Notwehrgefühle und, wo noch ein schwankendes Gewissen da war, entzog es ihm den Boden. Die »Ausplünderung durch die Juden« sollte den Raub rechtfertigen. Der Kampf gegen den Zerstörer führte weiter.

Damals, zur Zeit des lächerlichen Jonny-Plakates, also

Anfang 1928, wurde die nationalsozialistische Gefahr aber noch nicht ernst genommen. Schließlich war die deutsche NSDAP eine Zwergpartei, die etwa 800 000 Wähler hinter sich hatte. Und in Österreich war man deutschnationale Umtriebe an den Universitäten gewohnt. Das Bürgertum hatte andere Sorgen: die offene Gewaltandrohung der bewaffneten Linken und die Unfähigkeit der Exekutive, durchzugreifen und Unheil zu verhüten. Das Bürgertum wollte Ruhe und Ordnung. Das wertete die Heimwehren auf, die sich in den Bundesländern als Ordnungsmacht bewährt hatten. Ihr Bundesführer, Richard Steidle, begnügte sich aber nicht mit einer Polizeifunktion, die einen ruhigen Alltag sichern und dem sozialistischen Zündeln mit dem Bürgerkrieg Einhalt gebieten sollte. Steidles Ambitionen gingen weiter. Er wollte nicht defensiv dastehen, er wollte vorgehen. Er wollte mit der impotenten Demokratie Schluß machen. Dieser Kurs wurde von der Christlichsozialen Partei abgelehnt, war aber in den Heimwehren und darüber hinaus in gewissen Kreisen der Bevölkerung populär. Bei einer Heimwehr-Führertagung in Korneuburg attackierte und überrannte Steidle am 18. Mai 1930 seinen christlichsozialen Gegenspieler, den niederösterreichischen Heimwehrführer Julius Raab, und peitschte durch Akklamation eine Resolution durch, die den westlichen demokratischen Parlamentarismus und den Parteienstaat ablehnte.

Dieser »Korneuburger Eid« war eine offene Rebellion gegen die christlichsoziale Partei, Seipel, der große Mann der Christlichsozialen, der Mann der Sanierung, war im Frühjahr 1929 krankheitshalber als Bundeskanzler zurückgetreten. Die am 1. Juni 1924 durch ein Revolverattentat erlittene schwere Verletzung hatte seine Gesundheit unterminiert. Er blieb zwar formell an der Spitze der Partei. Der starke Mann war aber jetzt der Heeresminister

Carl Vaugoin. Dieser war nicht gewillt, die Heimwehren ausbrechen zu lassen. Und die Christlichsozialen waren – waren noch – stark genug, das zu verhindern.

Am 2. September 1930 wurde Steidle ausgebootet. Ernst Rüdiger Starhemberg, ein Nachkomme des Verteidigers von Wien in der zweiten Türkenbelagerung, wurde Bundesführer der Heimwehren. Ein eigenartiger Mann. Er hatte Magnetismus. Aber wer konnte ihn so ganz ernst nehmen? Mehrere Jahre später, als er Vizekanzler war, warteten bei einem Diner auf der französischen Gesandtschaft an die 30 Personen auf ihn. Schließlich ließ der Gesandte im Bundeskanzleramt anfragen, was passiert sei. Da sprach der belgische Geschäftsträger Joe van der Elst aus, was alle dachten; »Jetzt möchte ich nicht in der Haut seines Sekretärs stecken. Wie soll der arme Teufel wissen, bei welchem Weibsstück (das Wort war »poûle«) der Herr Vizekanzler grad ist... Und doch! Daß einer durch die Politik reich wird, kommt vor. Aber, daß einer ein beachtliches Vermögen für seine politische Überzeugung opfert, ist immerhin originell.« Diese Mini-Anekdote illustriert die Beurteilung Starhembergs durch die damals in Wien akkreditierten Diplomaten. Ernster zeigte sich seine Labilität in der Entgleisung bei einer politischen Rede. Zu den Geldgebern der Heimwehren gehörten hübsch ein paar Juden, die in dieser Bewegung ein Gegengewicht gegen den Nationalsozialismus sahen. Darunter war z. B. Fritz Mandl, der Besitzer der Hirtenberger Patronenfabrik und ein persönlicher Freund Starhembergs. Da schmetterte der Heimwehrführer drauf los, daß Köpfe mit krummen Nasen rollen müßten. Das Datum der Rede und ihr Wortlaut sind mir nicht mehr gegenwärtig, wohl aber die Reaktion der *Arbeiterzeitung:*

»Es tönt der Ruf, wie einst so jetzt.

Der Starhemberg hat Wien entsetzt.«

Die schlimmste Enttäuschung sollte aber Vaugoin erleben. Er hatte Starhemberg am 2. September 1930 als Nachfolger Steidles, der sich durch den Korneuburger Eid in Gegensatz zu den Christlichsozialen gesetzt hatte, in den Sattel gehoben. Er hatte Starhemberg am 30. September 1930 als Innenminister in die nach Schobers Rücktritt an diesem Tag von ihm gebildete Regierung genommen, die blitzartig Neuwahlen vorbereiten sollte. Da erklärte der Innenminister am 2. Oktober 1930, daß die Heimwehren sich bei den Wahlen als eigene Partei präsentieren würden.

Eheste Neuwahlen waren geboten. Denn in Deutschland war etwas geschehen, das nicht ohne Auswirkungen auf Österreich bleiben konnte. Bei den Reichstagswahlen vom 24. September 1930 erhielt die NSDAP 6 Millionen Stimmen. Damit wurde sie nach den Sozialdemokraten die zweitstärkste Partei im Reichstag. Durch überstürzte Neuwahlen wollte Vaugoin der Beispielswirkung dieses nationalsozialistischen Erfolges in Deutschland auf die österreichischen Wähler zuvorkommen. Tatsächlich brachte es die NSDAP in Österreich erst auf 100 000 Stimmen. Aber die Uneinigkeit der Bürgerlichen schuf im Parlament eine Lage, die das Regieren noch weiter erschwerte. Den 72 Sozialdemokraten standen wohl 93 Bürgerliche gegenüber. Diese waren aber gespalten in 66 Christlichsoziale, 19 Abgeordnete des »Wirtschaftsblocks« (Schober, Großdeutsche und Landbund) und 8 Abgeordnete des »Heimatblocks« (Heimwehren). Nach schwierigen Verhandlungen brachte der Vorarlberger Landeshauptmann Dr. Otto Ender mit dem Wirtschaftsblock und ohne die Heimwehren eine Regierung zustande. Schober wurde Vizekanzler und Außenminister. Raab führte seine Niederösterreicher aus den Heimwehren heraus. Schuschnigg trat zum ersten Mal mit der Gründung der »Ostmärkischen Sturmscharen« in Erscheinung.

Die Auswirkungen des nationalsozialistischen Erfolges in Deutschland ließen nicht lange auf sich warten. Für die nazistischen Studenten war das eine die kühnsten Erwartungen übersteigende Bestätigung. Aber nicht nur das. Wer bisher abseits stand, wurde nachdenklich. Erfolg ist die beste Werbung. Ein politisch wenig interessierter Kollege aus gut bürgerlicher Kaufmannsfamilie sagte: »Da es so nicht weitergeht, sollten wir es vielleicht wirklich mit der NSDAP versuchen.«

Daß es so nicht weitergehe, war eine stehende Phrase. Grund zu Unzufriedenheit und Grund zu Sorge gab es genug. Gemessen an den inneren und von außen hereinbrechenden Schwierigkeiten waren aber die Leistungen des Landes erstaunlich. Die Währung war stabil. Die Produktion lief an. Die Handelsbilanz verbesserte sich. Die Arbeitslosigkeit ging zurück. Der Lebensstandard stieg. Schober, der ab September 1929 ein knappes Jahr lang Bundeskanzler war, brachte eine Verfassungsreform zustande, die das Land regierbarer machen sollte. Dem gegenüber aber stand, daß die Bodenkreditanstalt sich durch Investitionen übernommen hatte und durch Fusion mit der von Rothschild kontrollierten Creditanstalt aufgefangen werden mußte. Das geschah am 7. Oktober 1929. Und am 24. Oktober 1929 kam es zum katastrophalen Börsenkrach in New York, der die Weltwirtschaftskrise einleitete.

Wie sollte es jetzt in Österreich weitergehen? Wie sollte das Land, dessen größte Bank eben erst durch die Anstrengungen des wirtschaftlichen Wiederaufbaus an den Rand des Zusammenbruchs gekommen war, das Land, das in seiner inneren Zerrissenheit schwer zu regieren war, der weltweiten Erschütterung standhalten?

Angesichts dieser bedrohlichen wirtschaftlichen Aussichten nahm Schober mit dem deutschen Außenminister

Curtius im März 1931 Verhandlungen über den Abschluß einer Zollunion auf. Das Projekt stand im Widerspruch zum Vertrag von Saint Germain. Die Verhandlungen wurden geheim geführt. Die Welt sollte vor eine vollendete Tatsache gestellt werden. Was bleibt schon geheim? Der Plan wurde bekannt und platzte an der Empörung der Alliierten. Das war Wasser auf die Mühlen der Nazis. Das war das Eingeständnis, daß es ohne Deutschland nicht weitergehe und das zeigte, daß die Alliierten uns unter ihrem Stiefel halten wollten. Also: »Die Fahne hoch...«

Nicht ich und nicht die stille Mehrheit der Studenten dachten so. Aber die Lauten gaben den Ton an.

März 1931. Freitag den 13. März beendete ich mit dem politischen Rigorosum mein Studium. Am Tag darauf wurde ich 23 Jahre alt.

Gelebte Operette

Diese Jahre unheilträchtiger politischer Spannungen waren eine große Zeit für die Wiener Operette und das Wiener Kabarett. Hubert Marischka brachte in seinem Theater an der Wien und auf anderen Bühnen alte und neue Operetten heraus. Was damals gut und teuer war, sang und tanzte für ihn. Sein größter Star aber war er selber. Er hatte weder eine besondere Stimme, noch sah er besonders gut aus. Aber er hatte Charme. Und während Opernsänger und Burgtheaterschauspieler zu ihm kamen, um mehr zu verdienen, konnte er seine Laufbahn durch ein Gastspiel an der Oper krönen. Als Partner der Jeritza! Durch diese beiden und eine zauberhafte Regie wurde Johann Straußens »Nacht in Venedig« zu einem künstlerischen Ereignis. Und Marischka zeigte auch eine Revue.

> »Ich bin Gott Amor, der schelmische Wicht
> Mit mir in den Hafen der Ehe man schifft,
> Und ob man sich mit oder ohne Mitgift gift'
> Bleibt sich doch schließlich egal.«

Daß Karl Farkas durch solche Couplets in der Revue »Alles aus Liebe« über Nacht berühmt wurde, kann nur verstehen, wer den jüdischen Gott Amor gesehen, gehört und sich über ihn zerkugelt hat. Unter anderen bot diese Revue noch die Jackson Girls, die abends von ihrer Managerin in geschlossenem Zug nach Hause geführt wurden, und eine Wienerin, die sich ganz hinten auf der Bühne und ganz oben auf einem Mast als Schiffsjunge in

»Oben ohne« zeigte. Das war damals sensationell. Es war die Zeit, wo Armin Berg erzählte: »Früher hat man einem Mädel wochenlang Blumen und Verserln geschickt, bevor man ihre Hand halten durfte. Heute lernt man eine kennen und fragt: ›Wann gehn wir essen? Vorher oder nachher?‹« Der Witz besteht bekanntlich in einer überraschenden Wendung. Und damals war man auf ein solches Tempo nicht gefaßt. Armin Berg war übrigens einer jener Komiker, über die man schon lacht, sobald sie auftreten. Er sah genau so aus wie ein jüdischer Elefant. Ganz anders der Grünbaum. Er sah traurig aus. »Du Trottel, Du!« sagten seine Partner, wenn er den Gang der Welt nicht verstehen konnte. Er konnte ergreifend sein. Charakteristisch ist eine Geschichte, die ich von Bruno Kreisky hörte. März 1938. Polizeigefangenenhaus. Die SS dachte sich immer neue Quälereien aus. So ließ sie die Häftlinge einmal stundenlang stehen. Kreisky stand neben Grünbaum. Da seufzte dieser: »Und die draußen sagen, wir sitzen.«

Ja, die Nazis hatten recht. Das Wiener Kabarett war verjudet. Und wer über diese Juden gelacht hat, denkt dankbar an sie zurück.

In diesen Jahren wurden die früher von oben herab betrachteten Operetten mit allem Drum und Dran für mich anziehend. Besonders das Drum und Dran. Denn ich suchte den Einstieg in den Venusberg. Daß ich da auf einer gefährlichen Gratwanderung war, wußte ich nicht. Aber mein Schutzengel wußte es und machte Überstunden. Das war wohl nötig, weil ich oft nächtelang von einer Bar zur anderen vagabundierte. Wie ich es fertigbrachte, dabei intensiv zu studieren, kann ich mir heute nicht mehr vorstellen. Tagtäglich um Schlag zwölf Uhr ging ich mit meinem Vetter Trebersburg durch die Kärntnerstraße. Zu Mittag war sie nicht der ekelhafte Fleischmarkt, in den sie sich abends verwandelte. Da war sie der Treffpunkt der eleganten Welt. Da machten die großen Damen aus allen Teilen der alten Monarchie ihre Einkäufe. Da konnten wir die schlanken Beine der Ungarinnen bewundern, die schönen Köpfe der Pragerinnen und die anziehenden Gestalten der Kroatinnen. Da waren die Revuestars, die uns am Abend zuvor im Theater närrisch gemacht hatten. Jetzt gingen sie so nahe an uns vorbei, daß wir ihr Parfum spürten. Und das Ganze war wieder eine Revue von Eleganz, von Charme, von Schönheit. Die meisten Damen kannten wir, und die Stars lernten wir nach und nach kennen, abends in der Kaiserbar und in der Westminsterbar, wo der russische Geiger Mischa die Wiener in Schwung brachte. Wir waren gute Tänzer. Aber die Konkurrenz war groß. Denn die großen alten Draher waren da. Durch ihren Ruf hatten sie schon halb gewonnen und das übrige tat ihr Charme. Wenn eine aufgeregte Garderobenfrau meldete, daß der Piz im Anzug sei, unterbrach die Musik den Tanz und spielte den »Rochlitzermarsch«. Wer dazugehörte, sang mit, und wer gern dazugehört hätte, stimmte ein. Denn die Melodie aus *Die verkaufte Braut* kannte jeder, und der Text war einfach: »Der Rochlitzer, der Rochlitzer, der Rochlitzer« und so fort. Oberst Theodor von Rochlitzer trat auf wie der Torreador im zweiten Akt der *Carmen*. Wenn dann der Elemer einer Frau imponieren wollte, nahm er dem Mischa die Geige aus der Hand und geigte ihr ins Ohr, so leise, daß niemand etwas hörte. Auch sie nicht. Aber begeistert war sie doch. Da wollte der Piz auch zeigen, was er kann. Schon war ein Tisch abgeräumt. Er hob die Frau hinauf und tanzte mit ihr auf dem Fleck einen Linkswalzer. Das heißt, es hat so ausgesehen wie ein Linkswalzer. Aber der alte Gauner hat geschwindelt, was freilich nur Kenner merkten. Der Piz! Das war der Husar, der mir im Krieg von aufregenden Patrouillenritten und Reitergefechten erzählt hatte. Jetzt hatte er schneeweiße Haare. Und doch war er unwiderstehlich. »Sein Lächeln haut mich um«, sagte eine Frau, die in diesen Dingen einige Erfahrung gehabt haben dürfte. Und ich habe ihn ein einziges Mal ernst gesehen. Das war in der Kaiserbar. Da kamen vier Jünglinge von einem Maskenball in alten kaiserlichen Uniformen daher. Der Piz ließ die Musik einen Tusch spielen, und als es dann ganz still war, stand er auf und sagte ruhig: »Meine Herrn, Sie entehren des Kaisers Rock, in dem unzählige, brave Kerln ihr Leben gelassen haben. Ich zähle jetzt bis drei. Wenn Sie bis dahin nicht das Lokal verlassen haben, schmeiß ich Sie raus.« Tosender Beifall. Und weg waren die Helden.

Das war der Piz. Das waren meine Nächte. Das war meine Gratwanderung. Denn es ist nicht egal, wie und mit wem einer in den Venusberg eingeht. Da gab mein Schutzengel mir die *Sonette an Ead* von Anton Wildgans in die Hand.

> Denn Sünde ist, wenn einer sich vergibt,
> Sein Pfund verzettelnd, statt es aufzusparen,
> Und seinen Träumen aus der Sehnsucht Jahren
> Wohlfeile Wirklichkeiten unterschiebt...

Das berührte mich. Ich suchte nicht nach wohlfeilen Wirklichkeiten. Frau Venus persönlich wäre gerade gut genug für mich gewesen. Diese Verse bestärkten meinen Anspruch. Damals gab es ein Lied: »Lieber Freund, man greift nicht nach den Sternen.« Ich sang »... man greift nur nach den Sternen«. Für einen Anfänger ohne einen Knopf Geld war das freilich leichter gesungen als getan. Die schönen Frauen tanzten mit mir und lachten mit mir. Dann ließen sie sich von einem Großgrundbesitzer oder einem Generaldirektor nach Haus bringen. Reiche Leute konnte ich nicht leiden.

Als ich dann doch Erfolg hatte, griff mein Schutzengel zu anderen Listen. Eines Abends rief mich eine Frau an: »Wir haben uns heute am Kohlmarkt gesehen. Ich war mit XY. Und Sie haben mich angelächelt. Jetzt sitz ich allein daheim und langweile mich.« Ich erinnerte mich gleich. Sie hatte mir sehr gefallen. Und doch sagte ich, ich sei nicht allein. Aber ich war allein und sehnte mich nach einer Frau.

Einmal nahm ich dann doch so eine abendliche Einladung an. Sie kam von einer »Dame der Gesellschaft«, ein gutes Stück älter als ich, schön und anziehend. Sie empfing mich in einem mit geschultem Geschmack eingerichteten Boudoir. Zwischen négligé und habillé sah sie blendend aus. Und mehr noch. Sie ließ Feuerwerke steigen. Was immer sie sagte, blitzte. Und sie redete und trank Cognac. Und sie lachte und trank. Und sie trank und wurde zärtlich. Und sie trank. Da stand ich auf. Sie wollte mich nicht gehen lassen. Sie flehte, sie drohte. Ich ging. Im Stiegenhaus war es finster. Ich fand das Licht nicht, tastete mich hinunter, stand vor dem versperrten Haustor. Wie ich dann doch hinaus kam, weiß ich nicht mehr.

Mit einer anderen »Dame der Gesellschaft« ging es mir so: Sie war Polin, schlank, biegsam, chique. Elle avait du chien. Ohne schön zu sein, war sie anziehend, aufregend. Wahrscheinlich nicht nur für mich. Ob sie noch andere Qualitäten hatte, könnte ich nicht sagen. Denn ich wollte von ihr nichts anderes, als daß sie mich in den Venusberg einführe. Sie war damit einverstanden, wollte es aber an der französischen Riviera tun. Dazu hatte ich nicht die Zeit, denn ich wollte mit meinem Studium weiterkommen. Und dazu hatte ich nicht das Geld. Letzteres, meinte sie, wäre kein Problem. Denn sie war reich. Das machte mich wütend, und ich sah sie nicht wieder.

Als dann die erste Wirklichkeit in mein Leben trat, war

sie nicht wohlfeil. Und sie war es doch. Es war eine bildhübsche, elegante, ja vornehm anmutende, noch sehr junge Frau, die von einem polnischen Aristokraten, der nur alle heiligen Zeiten nach Wien kam, in großem Stil ausgehalten wurde. Die ideale Lösung für einen Studenten. Und doch dauerte es nicht lange. Es fehlte ihr an Humor und schon gar an Geist. Und unsere Begegnungen ließen sich nicht auf das beschränken, was mir not tat. Schlimmer noch. Während der Sonntagsmesse in der Stephanskirche stellte sie sich gerade vor mich hin und nahm mir den Ausblick zu den bewegten Pfeilern, zu den Gestalten, die da auf halber Höhe ihr Leben künden und über sich hinausweisen zu der Wölbung, die in reines Maß führt. Das störte mich. Das wurde mir unerträglich. Aus. Aus war es auch mit meinem Operetten-Leben. Die Erfüllung, die keine Erfüllung war, führte mich in die Enttäuschung.

»Du warst nicht Ead, doch ich bin wieder Pan.«

Auf Arbeitsuche

Ich war Doktor Juris. Was nun? Der Staatsdienst war durch die allgemeine Aufnahmesperre verschlossen. Banken und Industrien mußten ihren Personalstand wegen der Weltwirtschaftskrise reduzieren, der Anwaltsberuf war überlaufen. Zunächst wollte ich jedenfalls ins Außenamt gehen, um zu trachten, wenigstens eine Vormerkung zu erwirken. Aber der Personalchef, Legationsrat Hlavač, nahm mir jede Hoffnung, in absehbarer Zeit aufgenommen zu werden. Dann lehnte er sich zurück, sah links zum Fenster hinaus, zeichnete mit dem weit ausgestreckten rechten Arm Hieroglyphen in die Luft und sagte: »Sie sind Jurist und sprechen drei Sprachen. Aber unser Land braucht Erdäpfelbauern.« Damit war ich entlassen.

Da folgte ich dem Rat eines Bekannten meiner Eltern, des Vizepräsidenten der Niederösterreichischen Escompte Gesellschaft, Wilhelm Kux, auf drei Monate als Volontär in diese Bank zu gehen, um das Bankgeschäft kennenzulernen. Meine erste Aufgabe dort war es, die Briefumschläge der einlaufenden Post aufzuschneiden, freilich unter der Aufsicht des Vorstandes des Expedits, des Herrn Leeb. Dieser war sich seiner Verantwortung bewußt und seiner Wichtigkeit auch. Ohne ihn könnte die Bank zusperren. Alles ging durch seine Hände. Er kam morgens als erster und ging abends als letzter heim. So ging es 6 Tage der Woche. »Und sonntags geh ich ins Kaffee Siller.« Das war sein Leben. In seiner Gewissenhaftigkeit vertraute er mir nichts anderes an als das Aufschneiden der

Couverts. Denn beim Couvertieren könnten folgenschwere Verwechslungen passieren. Wie recht er hatte! Meine erste Leistung in der Escompte-Abteilung war, daß ich beim Ausfüllen eines Formulares »Aprill« schrieb. Und, Hand aufs Herz, sagt das diesen spritzigen Monat nicht besser aus als das ruhige, gesetzte »April«? Aber der Vorstand war dagegen. Und das war nur der Anfang. Schlimmer wurde es beim Ausrechnen der Wechselescompte. Damals gab es keine Rechenmaschinen. Ich habe Blut geschwitzt, wenn der Vorstand ungeduldig hinter mir stand und auf die Unterlagen wartete, um auf die Börse zu gehen. Am schlimmsten war es dann in der Buchhaltung. Ich sollte endlose Firmennamen und Ziffern in winzige Rubriken eintragen. Mit meiner Schrift! Der Vorstand war ein Polterer. Wegen jeder Entgleisung brüllte er. Über meine Leistungen aber war er sprachlos. Ich atmete auf, als ich dann zur fremdsprachigen Korrespondenz kam. Und im Kreditbüro, wo ich freilich nur die Nase hineinstecken durfte, fühlte ich mich beinahe wohl. Ich war von den dort geschauten Möglichkeiten, Geld kreativ einzusetzen, gepackt. Aber Geld als Lebenszweck war dennoch nichts für mich. Und von einer Anstellung konnte ohnehin nicht die Rede sein.

Während ich in der Escompte-Gesellschaft war, im Mai 1931, geriet die Creditanstalt, die im Oktober 1929 die Bodenkreditanstalt auffangen mußte, in Schwierigkeiten. Das ging wie ein Donnerschlag durch ganz Europa. In fieberhaften Verhandlungen wurde ein Rettungsplan ausgearbeitet. Aber der Innenminister Franz Winkler (Wirtschaftsblock-Landbund) lehnte ihn ab und trat zurück. Das brachte die Regierung Ender-Schober zu Fall. So geschehen am 16. Juni 1931. Angesichts des nationalen Notstandes raffte sich der kranke Seipel auf, um eine Konzentrationsregierung aller Parlamentsparteien zusammenzubringen. Die Sozialdemokraten lehnten ab. Schließlich bildete der niederösterreichische Landeshauptmann Karl Buresch ein Kabinett, das weiterwursteln konnte. Weniger als ein Jahr lang.

Da die Berufschancen in der Industrie bei der allgemeinen Rezession gleich Null waren, ging ich als Rechtsanwaltsanwärter zu Gericht. Zunächst kam ich zu einem Einzelrichter. Das hieß Ehescheidungen und Mietprozesse. Was sich mir da an menschlicher Schamlosigkeit zeigte, war erschütternd. Eheleute, die sich mit geiferndem Haß verklagten und den intimsten Bereich ihrer Verbindung in öffentlicher Gerichtsverhandlung bloßlegten; Mieter, die den in freier Vereinbarung festgelegten Kaufpreis (Ablöse) für eine dann so gut wie zinsfreie Wohnung zurückverlangten, sobald sie das unkündbare Mietrecht erworben hatten. Und das Gesetz gab ihnen recht! Als mich der Richter zum ersten Mal beauftragte, ein Urteil auszufertigen, durch das der Vermieter verurteilt wurde, so eine Ablöse zurückzuzahlen, hielt ich ihm entgegen, dieses Urteil sei unmoralisch. »Was dem Gesetz entspricht, kann nicht unmoralisch sein«, war seine Antwort. Ich blieb dabei, daß Gesetze, die den Menschen zu unanständigen Handlungen verleiteten, selber unanständig seien. Zu meinem Glück wurde unsere Diskussion durch ein schrilles Signal unterbrochen. Der Richter schreckte auf. Es läutete das Telephon; das Telephon, das noch gestern draußen auf dem Gang in einer gepolsterten, muffigen Zelle stand und jetzt in sein Zimmer eingedrungen war und sich auf seinem Schreibtisch breitgemacht hatte. Zögernd, mißtrauisch nahm er den Hörer. Als er ihn wieder ablegte, war meine Frechheit vergessen: »Das hat mir gerade noch gefehlt!«

Nach einiger Zeit kam ich im Konkurs- und Ausgleichssenat des Handelsgerichtes zu Oberlandesgerichtsrat

Dr. Friedländer. Er war der erste Prager Jude, mit dem ich zu tun hatte. Ein kultivierter Mann, an dem mir nur eines schwer erträglich war: Er war großdeutsch bis in die Fingerspitzen. Seine Heimat war nicht Österreich. Seine Heimat war Deutschland. Wir hatten Hochbetrieb. Die Weltwirtschaftskrise warf die angesehensten Gesellschaften um. Als der alte Herr von Auspitz, der Chef des altangesehenen Bankhauses Auspitz-Lieben, mit zitternder Hand das Ausgleichsedikt unterschrieben hatte, sagte mir der Richter: »Herr Doktor, Sie haben eine Tragödie miterlebt, von deren Ausmaß Sie noch keine Vorstellung haben können.«

Ich muß gestehen, daß ich diese Tragödie eher schläfrig miterlebt habe. Aus war's mit den Nachtlokalen, aus mit allem Drum und Dran. Da wendete ich mich in die entgegengesetzte Richtung. Jetzt waren es die Comtessenbälle. Und wenn der Wecker läutete, wußte ich nicht, was er von mir wollte. Sollte ich das Bürogewand anziehen oder den Frack? Da kam einmal ein junges Mädchen aus Deutschland, Sibille Gräfin Plessen. Sie war hübsch genug, um soviele Tänzer zu finden, wie sie nur wollte. Auf einem Ball bei Alphonse Rothschild tat sie aber nicht bei unserem wilden Kotillon mit, der dem Hausherrn Angst und Schrecken um seine Kunstschätze einjagte. Sie setzte sich zum Philosophen Rudolf Kassner und hörte zu.

Und noch eine Leidenschaft war über mich gekommen: Die Kunstgeschichte. Als ich alle Bücher gelesen hatte, deren ich daheim habhaft werden konnte, wollte ich mich mit einem Mann beraten, dessen umfassendes Wissen ihm den Spitznamen »wandelndes Lexikon« eingetragen hatte. So war er aber nicht richtig charakterisiert. Man hätte ihn »wandelnde Bibliothek« nennen sollen. Denn seine Rede hatte nichts von lexikaler Trockenheit. Das war Franz Pollack von Parnau. Zu ihm ging ich, um seinen Rat für die Anschaffung kunstgeschichtlicher Werke zu erbitten. Dabei kamen wir auch auf meine beruflichen Probleme zu sprechen. Er meinte, das wäre nicht so wichtig. Denn ich würde ja doch bald das Vermögen meiner Frau verwalten. Da versicherte ich ihm, daß alle derartigen Gerüchte unsinnig seien, weil ich unter gar keinen Umständen gewillt sei, die Rolle des Prinzgemahls zu spielen.

»Dann mußt Du aber dazuschaun. Natürlich mußt Du Diplomat werden. Kaufmann bist Du keiner.«

»Aufnahmesperre!«

Der überdimensionierte Hirnkasten arbeitete rasch.

»Du bist doch gut mit Rothschilds.«

»Halt grad so, daß sie mich einladen, wenn sie Tänzer brauchen.«

»Egal, Du hast Gelegenheit, mit ihnen zu reden, am besten mit Eugen. Hör zu. Der österreichische Honorargeneralkonsul in London ist Bankier und völlig von S.M. Rothschild abhängig. Wenn ihm von dieser Seite nur angedeutet würde, es wäre nett, wenn er Dich als Konsularattaché anfordern würde, so hat er es schon getan. Und wenn er in Wien sagt, daß er Dich entlohnen will, dann kann das Außenamt schwer nein sagen. Sobald dann die Sperre aufgehoben wird, hast Du einen Vorsprung.«

Also sprach ich bei nächster Gelegenheit mit Eugen Rothschild. Bald darauf rief mich Legationsrat Hlavač. Er war außer sich. »Das ist doch ein Unsinn. Was wollen Sie denn in London machen. Das Generalkonsulat hat überhaupt nichts zu tun.« Aber ich ließ mir die Sache nicht ausreden. Da sagte er schließlich, er wolle es sich überlegen. Nach einiger Zeit rief er mich wieder. »Unser Gesandter in Prag bombardiert mich mit Berichten, daß er dringendst einen weiteren Mitarbeiter brauche. Wenn Sie schon als Volontär arbeiten wollen, so gehen Sie doch nach Prag. Das hätte einen Sinn. Das würde Ihnen, falls die

Aufnahmesperre einmal aufgehoben werden sollte, ange-rechnet werden. London nicht.« Damit schien der Fall erledigt. Denn wovon sollte ich in Prag leben. Mein Vater war nicht in der Lage, mich dort zu erhalten.

Ein paar Tage darauf kam Wilhelm Kux zu meinen Eltern zum Mittagessen. Er interessierte sich für meine Berufsaussichten. Ich berichtete. Nach Tisch nahm er mich beiseite. »Natürlich müssen Sie nach Prag gehen. Was Sie dort brauchen, werde ich Ihnen zur Verfügung stellen.«

Attaché in Prag

So trat ich am 18. April 1932 als Volontär den Dienst bei der österreichischen Gesandtschaft in Prag an. In der Diplomatenliste wurde ich als Attaché geführt. Die Großen in diesem Amt waren der Gesandte und der Amtsdiener. Ferdinand Marek war für den Umgang mit den Tschechen geschaffen. In jedem Sinne sprach er ihre Sprache. Erfahren und einfallsreich, wendig und konsequent zugleich, war er die Idealbesetzung für diesen schwierigen Posten. Er behielt ihn auch die ganzen Jahre der 1. Republik. Der alte Gardist und Amtsdiener Leichtfried war nicht allein durch seine 190 cm überragend, sondern auch durch seine Haltung. »Ich tät vor mir selber ausspucken, wenn ich ein Trinkgeld annehmen würde.« Und er half tagtäglich vielen Leuten in den Mantel. Legationsrat war ein langweiliger Pedant, Legationssekretär der ebenso dynamische wie humorvolle Kary Wildmann. »Bin ich froh, daß sie Dich hergeschickt haben. Da kann jetzt der Herr Legationsrat mit Dir im Kasernhof exerzieren. Tu nur brav Gewehrgriff pracken. Tut Dir gut. Wenn er nur mich in Ruh laßt.« Kaserne nannte er das Gesandtschaftsgebäude. Denn der Gesandte, der Legationsrat und der Legationssekretär wohnten in diesem bescheidenen Haus in dem alles eher als eleganten Stadtteil Smichov. Die Dienstwohnung war ein Teil des Gehaltes. Dieses war miserabel. Besonders die Jüngeren waren elend gestellt. Eine Frau und gar noch Kinder zu ernähren kam gar nicht in Frage. Die Alternative war: reich heiraten oder gar nicht. Wildmann bezeichnete das als »von Amts wegen auferlegte Unmoral«.

Dieser Wildmann war schon 10 Jahre in Prag und ein profunder Kenner der politischen Szene. Er war politischer Referent und bearbeitete die Presseangelegenheiten. Er kannte jeden, durchschaute jeden. Nach einem Mittagessen mit einem Prominenten sagte er mir einmal: »Mit dem red' ich immer gern. Da kann ich gleich 3 bis 4 politische Berichte daraus machen. Und bis sich herausstellt, daß kein wahres Wort dabei war, denkt in Wien kein Mensch mehr daran.«

Ich sollte wirtschaftspolitischer Referent werden. Zunächst aber mußte ich während des Urlaubes des Rechtsreferenten die Konsularangelegenheiten bearbeiten. Gleichzeitig war der Legationsrat auf Urlaub. Also unterschrieb Wildmann die Post. »Ich werde alles, was Du mir vorlegst, ungelesen unterschreiben. Aber, wenn Du mich blamierst, reiß ich Dir den Kopf ab.« Es war keine Hexerei, aber viel Arbeit. Dabei gab es im Schriftverkehr einen ständigen Kleinkrieg. Die Tschechen schrieen Zeter und Mordio, wenn wir Eger oder Reichenberg schrieben. Selber aber schrieben sie Linec anstatt Linz und Solnochrad anstatt Salzburg. Der persönliche Verkehr war gemütlicher. Im Außenamt genügte es, daß man einen Herrn französisch ansprach. Sofort antwortete er auf deutsch, was ihm wesentlich leichter fiel. Und in anderen Ämtern brauchte man nur zu sagen: »Gestatten Sie, daß ich deutsch spreche.« Oft nahm das Gespräch dann eine nostalgische Wendung. Da wurden Tschechen zu Böhmen und erzählten gerührt von besseren Zeiten. Die wirtschaftspolitische Arbeit war dann interessanter, aber auch schwieriger. Die Tschechen ließen sich immer wieder neue Tricks einfallen, um die Importe aus Österreich zu behindern. Am härtesten war der Kampf um die Edelstahlposi-

tionen. Denn da störten wir die »Poldihütte«. Unser
stärkster Verbündeter waren die »Tatrawerke«, weil der
»Poldistahl« qualitativ nicht auf der Höhe des unseren
war. »Wieso?« fragte ich einmal einen unserer steirischen
Stahlmagnaten. »Haben wir geheime Formeln?« – »Das
gibt es längst nicht mehr. Die Qualität unseres Edelstahls
liegt darin, daß wir die besseren Arbeiter haben. Die sind
durch Generationen in unseren Werken. Und da hat einer
die Arbeit besser im Griff, als wenn sein Vater Bauer oder
Straßenarbeiter war.« Viel später, als ich Leiter der wirtschaftspolitischen Abteilung des Außenamtes war, sagte
mir einmal der Generalsekretär des Gewerkschaftsbun-
des, Anton Proksch, in einem unserer lustigen Wortge-
fechte: »Bilden Sie sich nur nicht ein, daß nur ein feiner
Herr Diplomat sein kann. Das trifft der Sohn eines
Floridsdorfer Arbeiters gradso.« Da erzählte ich ihm die
Geschichte von den steirischen Stahlarbeitern. »Da haben
Sie's ja. Unsere Arbeiter!« – »Und warum wollen Sie es
nicht wahrhaben, daß sich auch in anderen Berufen von
Vater auf Sohn ein Fingerspitzengefühl vererbt?« Da
lachten wir beide, was immer das Ende unserer Diskussionen war.

Eine besonders liebenswerte und gleichzeitig besonders
eigenartige Erscheinung war Frau Marek, die Gattin des
Gesandten. An Herz und an Bildung war sie den Damen
des diplomatischen Corps himmelhoch überlegen. Aber
sie konnte ihre Zunge nicht wahren. Was ihr durch den
Kopf ging, sprach sie auch schon aus. Bei meinem An-
trittsbesuch brachte sie das Gespräch gleich auf die geistigen Grundlagen des Islam. Und obwohl, oder vielleicht
gerade weil ich mich mit dem Koran befaßt hatte, blieb ich
stumm. Da war ihre Meinung über mich gefaßt. Und bald
danach: Diner beim italienischen Gesandten. Sie ganz
oben, ich ganz unten an der Tafel. Da rief sie über alle

Gäste hinweg: »Baron Löwenthal, wir sprechen gerade über Erbanlagen. Da denk ich an Ihren Vater, an Ihre Großmutter Anka, an Ihre Urgroßmutter Sophie. Sagen Sie, haben Sie vielleicht einen geistreichen Bruder?« Später, als ich einmal nach einem Diner mit der schönen Gattin des holländischen Gesandten beisammensaß, flötete Sie durch den Salon: »Wenn ich Sie beide so seh, spür ich, daß Sie sich anziehen wie zwei elektrisch konträr geladene Körper.« Das war schon weniger komisch. In Prag war es damals üblich, scheidenden Freunden einen großen Bahnhof zu machen. Ich war zum Abschiedsdiner einer jungen Türkin geladen und fühlte mich verpflichtet, ihr Blumen an die Bahn zu bringen. Irgendwer hatte mir gesagt, sie werde vom Masaryk-Bahnhof abreisen. Dort stand ich mutterseelenallein mit meinen Rosen, während sie vom Wilson-Bahnhof abfuhr. Am gleichen Abend war ich bei unserem Gesandten geladen. So brachte ich halt Frau Marek die Blumen. »Diese Rosen für mich?« sagte sie nachdenklich, »da stimmt was nicht.«

Das damalige Prager CD war im Umfang etwa einer besseren amerikanischen oder sowjetischen Botschaft von heute vergleichbar. Jeder kannte jeden. Jeder wußte alles von jedem. Mittags trafen sich die Junggesellen und Strohwitwer am Tisch des brasilianischen Gesandten in einem vornehmen Restaurant. Dabei wurde viel diskutiert, nur nicht über Politik. Denn nur die Nachbarn der Tschechoslowakei und die Franzosen nahmen ihre Arbeit ernst. Was hatte z. B. der Spanier zu tun? Politische Beziehungen gab es nicht, die wirtschaftlichen wurden von einem Orangenimporteur wahrgenommen, der auch die spanische Kolonie war. Und dieser »Spanier« hieß Wondraček. Gasparito, der spanische Legationssekretär, der sich ebenso eifrig wie erfolglos bemühte, es seinem großen Landsmann Don Juan gleichzutun, protestierte. Aber, nicht ganz genau genommen, war es doch so.

Ein CD ist immer bunt zusammengewürfelt. Immer gibt es jene, die hinter ihrer Immunität stinkende Geschäfte machen, immer gibt es solche, die nur snobistische gesellschaftliche Ambitionen haben, und immer gibt es Menschen, die neben ihrer Arbeit trachten, die geistigen Werte des Gastlandes aufzunehmen. Hie und da gibt es auch eine überragende Gestalt. Auf der damaligen deutschen Gesandtschaft gab es deren zwei. Der Gesandte Walter Koch und der Presseattaché Johannes Urzidil. Koch kam aus der Innenpolitik. Er war aber ebensowenig Politiker wie Diplomat. Er paßte in kein Schema. Er sah die Ereignisse von oben im großen Zusammenhang, so als wäre es nicht Tagesgeschehen, sondern Geschichte, die wir erleben, Geschichte, die auf uns zukommt, das Heute aus dem Gestern, das Morgen aus dem Heute geboren. Er spielte die Orgel und fast alle Instrumente des Orchesters. Daß Johannes Urzidil ein bedeutender Schriftsteller war, wußte ich nicht. Wer wußte es damals? Aber sein Geist, seine warme Menschlichkeit zogen mich sogleich an. Und doch verstanden wir uns einmal gar nicht. Er sah im Anschluß an Deutschland die einzig natürliche Lösung aller Probleme Österreichs. Urzidil war Jude, Prager Jude.

In Oberlandesgerichtsrat Friedländer hatte ich den ersten großdeutschen Prager Juden kennengelernt. Jetzt begegneten mir andere an Ort und Stelle. Die von Stefan Zweig getroffene Einteilung in feine und miese Juden galt natürlich auch für Prag. Es ist wohl auch so, daß es in jeder Kategorie mehr miese als feine Leute gibt. Die feinen Prager Juden waren aber achtunggebietende Menschen. Seit Jahrhunderten saßen sie in ihren Häusern mit den einfachen Fassaden und den dicken Mauern, bescheiden und stolz zugleich, und deutsch, wie nur Prager deutsch sein können. Daß ich solche Männer kennenlernte, dankte ich einem Zufall. Denn sie dachten nicht daran, sich in die diplomatischen Kreise zu drängen. Umso eifriger taten das die tschechischen Emporkömmlinge, pardon, die Damen und Herren der neuen tschechoslowakischen Gesellschaft. Das waren Rechtsanwälte, Bankiers und Industrielle, die von der Nachkriegskonjunktur hochgetragen worden waren, und vor allem waren es Söhne und Töchter, die sich von ihren immer noch biederen Eltern emanzipierten. Sie schauten und horchten nach Paris. Alles wurde aus Paris hergeholt. Nicht nur die Kleider, der Lebensstil sollte französisch sein. Wenn der Tscheche sagen will, daß etwas nicht passe, heißt es nicht: »Das paßt wie die Faust auf's Aug.« Nein, er sagt viel netter: »Das paßt wie dem Schweinchen das Vorhemd.« Und ganz so wie dem Schweinchen das Vorhemd paßte den Tschechen die französische Leichtigkeit. In Prag ist alles schwer. Das Prager Barock geradeso wie die böhmische Mentalität, die Prager Frauen geradeso wie das böhmische Essen. Zwängte sich tschechische Massivität in französische Subtilität, so mußte eine Maskerade daraus werden. Ein Elefant in Spitzenhöschen.

Das scheint der böhmische Adel gespürt zu haben. Er nahm nichts von außen an. Er war eine geschlossene Welt. Eine Welt für sich mit allem, was zu einer Welt gehört. Da war der junge Graf, der für eine tschechische Courtisane sich selbst und das vornehmste Prager Restaurant, in dem er seine Champagnergelage gab, ruinierte. Da war dieser andere, der eine Revue-Diva heiratete und sich gelangweilt anderen Abenteuern zuwandte, als sie eine brave böhmische Gräfin wurde. Da war Kerssenbrock. Er konnte aus dem Stegreif die beste Zugverbindung nach Nischni-Novgorod sagen. Denn Fahrpläne waren sein

Hobby. Da war Boos-Waldegg. In den entlegensten Winkeln der Welt spürte er dem Wesentlichen nach. Und wenn er dann im Prager Herrenklub, der »Recource«, im Kreis seiner Jünger Tee trank, fühlte er mit magischer Sicherheit, wenn einer in Nöten war, hob aus den Abgründen seiner Weisheit, was dieser gerade brauchte, und reichte es ihm verschlüsselt im Rahmen einer bunten Geschichte. Da war die böhmische Comtesse mit dem schönen Kopf, der schweren Croupe und der Erziehung, die unter der Schicht von Manieren in den Bereichen von Takt und Güte zum Vorschein kam. Und da waren die Vielen, gesund, anständig und beschränkt auf den Gang der Welt in ihrem Kreis. Freilich gab es auch solche, die den Rest der Menschheit zur Kenntnis nahmen. Schließlich kann einer sich auch für Zoologie interessieren. »Lieber ist mir doch einer, der irgendwie zu uns gehört«, sagte mir ein älterer Freund. Und dieses »irgendwie« ließ einen Türspalt offen.

Ambitionierte und geschickte Diplomaten brachten es, auch wenn sie nicht irgendwie dazu gehörten, zu einer Einladung in ein Barockpalais. Diese Auserwählten wurden dann mit nachsichtiger aber distanzierender Höflichkeit empfangen. Etwas Neugierde dürfte dabei gewesen sein und etwas Vorfreude auf das Begackern der Exoten. Da war einmal ein Ball in einem Palais. Vom ersten Augenblick an herrschte eine pulsierende Festlichkeit. Das lag nicht nur an den beschwingten Linien der Barockdekorationen und nicht nur an den glitzernden Lustern. Das lag an der ungezierten Lebensfreude der Menschen. Keiner mußte dem anderen zeigen, wie vornehm er war. Keiner ging auf Stelzen. Sondern ein jeder gab sich mit impertinenter Sicherheit so, wie er war. Der französische Gesandte und seine Frau waren da und die dunkle Levantinerin auch. Der Hausherr tanzte den Eröffnungswalzer mit der Französin. Die Dame hatte wohl einmal gehört, daß man sich zu den Klängen des Walzers wiegt. Denn sie beugte ihren Oberkörper weit zurück und schwang im Takt so wuchtig hin und her, daß es alle Kraft und Entschlossenheit des ehemaligen k. u. k.-Dragoner-Rittmeisters bedurfte, um sie zu halten. Ich tanzte mit einem kristallklaren Mädchen. Dann wiederholte sie mit einem offenen Blick die Worte des Walzerliedes: »Bau'n wir uns ein Nest.« Da fühlte ich mit einem Mal die Lorgnons aller Tanten auf mich gerichtet. Später tanzte ich mit der Levantinerin. »Serrez mois plus fort!« Dann gingen wir in die Nacht. Zu mir waren es nur wenige Schritte. Als ich sie in die Stadt hinüber nach Hause gebracht hatte und wieder über die Karlsbrücke heim ging, zeigten mir die wuchtigen Gestalten, die rechts und links auf den Geländern stehen, die Zunge.

Meine erste Liebe in Prag war Prag. Prag die Stadt der nicht geheuren Spannungen, die Stadt, die kein Lächeln hat. Prag das dunkle. Wie konnte das geschehen? Wo ich doch immer vom Lichten, Buntbeschwingten angezogen war? Prag hat ein Alchemistengäßchen, oben, wo der Hradschin über den herrlich aufgetürmten Adelspalästen der Kleinseite thront. Und am anderen Ufer der Moldau haben die Bürger sich festgesetzt: Deutsche und Tschechen, Christen und Juden, gekreuzigt in endlosem Hader. Über den Fluß führt eine Brücke, auf beiden Seiten von schweren Wehrtürmen gesichert. Adel und Volk, verbunden und von einander abgesetzt in jahrhundertealtem Kampf. Menschen haben die Spannungen geschaffen und diese wieder formen Menschen. Die Deutschen sind hier härter als anderswo, was schon in ihrer Sprache klingt, und die Tschechen sind deutsche Slawen. Arbeitsam schaffend und dann wieder verbissen in ein zerstörerisches Nein. Lebenslust und Schwermut fließen slawisch ineinander. Wer nicht im Dunst vom Schweinernen mit Kraut und Knödeln, der jahraus jahrein über Prag liegt, hängen bleibt, wird von dieser Spannung gepackt. Hier überkam mich die umfangende Verzauberung. Venusberg? Gral? In ihr waren sie eins. Da freute mich die diplomatische Geselligkeit nicht mehr. Und ich hatte eine gute Ausrede. Die Aufnahmesperre in den Außendienst wurde gelockert und ich wurde zur Diplomatenprüfung zugelassen. Also mußte ich studieren. Denn diese Prüfung war kein Spaß.

*

Wie es in unserem Land weiterging erfuhr ich nur aus zweiter Hand. Ich war nicht dabei. Gewiß bleibt der Diplomat immer in Verbindung mit seinem Land. Der ständige Kontakt mit dem Ministerium und die täglichen Besuche von daheim ergänzen, verlebendigen, korrigieren die Zeitung. Und doch! Miterleben ist etwas anderes. Ich rekapituliere daher nur die historischen Fakten der Entwicklung in Österreich in diesen Jahren, soweit das für das Verständnis der weiteren Abschnitte erforderlich ist.

Die Bemühungen Seipels, im Hinblick auf die Weltwirtschaftskrise eine Konzentrationsregierung mit allen im Parlament vertretenen Parteien zusammenzubringen, waren an der Ablehnung der Sozialdemokraten gescheitert. Die dann von Buresch gebildete Regierung hielt sich nur wenige Monate. Es war ihr nicht gelungen, einen zur Festigung der Sanierung benötigten Völkerbundkredit zu bekommen. Dies glückte seinem Nachfolger Engelbert Dollfuß, der dafür wieder einmal bis 1952 auf den ohnehin durch den Friedensvertrag ausgeschlossenen Anschluß an Deutschland verzichten mußte. Er war seit dem 20. Mai 1932 Bundeskanzler. Im Parlament standen hinter ihm die Christlichsozialen, der Wirtschaftsblock und der Heimatblock mit zusammen 83 Mandaten, in Opposition waren 72 Sozialdemokraten und 10 Großdeutsche. Das Kräfteverhältnis war also 83:82. Für Herbst waren Neuwahlen

vorgesehen. Ein kritischer Termin! Denn am 24. April
1932 erzielten die Nationalsozialisten bei Gemeinderats-
wahlen in Wien und Landtagswahlen in einigen Bundesländern gewaltige Erfolge. Daß sich dies bei den nächsten
Nationalratswahlen wiederholen würde, stand außer Frage. Dollfuß suchte daher in einer Aussprache mit Otto
Bauer zu einem Kompromiß mit den Sozialdemokraten zu
kommen, um eine gemeinsame Abwehrfront gegen den
Vormarsch der NSDAP zu schaffen. Bauer lehnte ab.
Denn die Nationalsozialisten rückten auf Kosten der
bürgerlichen Parteien vor, und so hofften die Sozialdemokraten, bei den kommenden Wahlen die absolute Mehrheit
zu erhalten. Daraufhin trachtete Dollfuß die Großdeutschen für eine Koalition zu gewinnen. Sie lehnten ab. So
wurde Dollfuß in die Abhängigkeit von den Heimwehren
gedrängt. Dazu kam, daß das Parlament durch eine von
den Sozialdemokraten systematisch betriebene Obstruktion praktisch lahmgelegt war. »Otto Bauer spricht noch
immer«, so und ähnlich berichtete damals die Arbeiterzeitung. Um überhaupt regieren zu können, zauberte Dollfuß ein immer noch in Geltung stehendes »Kriegswirt-
schaftliches Ermächtigungs-Gesetz« aus dem Jahre 1917
aus der Lade, das die Regierung ermächtigte, »während
der Dauer der durch den Krieg hervorgerufenen außeror-
dentlichen Verhältnisse die notwendigen Verfügungen zur
Förderung und Wiederaufrichtung des wirtschaftlichen
Lebens... zu treffen.« Die weitere Gültigkeit dieses
Gesetzes wurde in den Übergangsbestimmungen der Bun-
desverfassung vom 1. X. 1920 ausdrücklich verfügt. Aber
konnte man die Zustände des Jahres 1932 als »durch den
Krieg hervorgerufene außerordentliche Verhältnisse« betrachten? Angesichts der Lahmlegung des Parlaments
durch die sozialdemokratische Obstruktion konnte Dollfuß nicht wählerisch sein.

Am 30. I. 1933 kam Hitler an die Macht.

Und am 4. III. 1933 kam es im österreichischen Parlament zu einer Komödie, die tragische Folgen haben sollte. Am 1. III. 1933 hatte die Regierung bei einem Eisenbahnerstreik mit ungewöhnlicher Härte durchgegriffen. Am 4. III. sollte im Parlament über einen sozialdemokratischen Antrag auf Amnestierung der Streikführer entschieden werden. Wie bei dem knappen Mehrheitsverhältnis (83:82) die Abstimmung ausgehen würde, war fraglich. Also: alle Mann an Bord. Und die Sozialdemokraten und die Großdeutschen waren gesünder. Obwohl Renner, als 1. Präsident des Nationalrates, den Vorsitz führte und daher nicht mitstimmen konnte, hatten sie die Mehrheit. Aber es passierte ihnen ein Formfehler. Die Abstimmung mußte wiederholt werden. Da dachten sich einige sozialdemokratische Abgeordnete einen Trick aus. Sie bewogen Renner, das Präsidium niederzulegen. So mußte der 2. Präsident des Nationalrates, der christlich-soziale Ramek, den Vorsitz übernehmen und durfte nicht mitstimmen. Eine unnötige Vorsicht! Denn an diesem Tage hatte die Opposition ohnehin die Mehrheit. Erst im Laufe der Debatte durchschaute Ramek das Manöver und trat ebenfalls zurück. Der 3. Präsident des Nationalrates, der großdeutsche Straffner, tat desgleichen. So hatte das Parlament sich selber geköpft, sich selber ausgeschaltet. Damit hatten die Sozialdemokraten den Gegnern des parlamentarischen Weiterwurstelns den größten Dienst erwiesen. Diese hatten ohnehin leichtes Spiel. Denn was für einen Wert hatte schon ein Parlament, das nur funktionieren sollte, wenn es den Sozialdemokraten paßte, sonst aber durch ihre Obstruktion gelähmt war.

Der 5. III. 1933 brachte der NSDAP in Deutschland einen überwältigenden Wahlsieg.

Am 7. III. 1933 beschloß der österreichische Ministerrat, vorübergehend ohne das Parlament mit dem »Kriegs-wirtschaftlichen Ermächtigungsgesetz« zu regieren. Am 8. III. trachtete Dollfuß den sozialdemokratischen Partei-sekretär Danneberg davon zu überzeugen, daß es die wichtigste Aufgabe der beiden großen Parteien sei, dem Vormarsch der NSDAP entgegenzutreten. Er regte daher an, die für den Herbst vorgesehenen Wahlen zu verschie-ben und das Parlament bis zur Einigung über eine neue Geschäftsordnung und etliche Verfassungsänderungen auszusetzen. Die Sozialdemokraten haben auf diese Vor-schläge nicht geantwortet. Die Anfechtung der auf Grund des kriegswirtschaftlichen Ermächtigungs-Gesetzes erlas-senen Notverordnungen der Bundesregierung beim Ver-fassungsgerichtshof durch das Bundesland Wien konnte aber als Antwort gewertet werden. Der Mißerfolg dieses zweiten Versuches einer Verständigung mit den Sozialde-mokraten machte Dollfuß noch mehr von den Heimweh-ren abhängig. Das zeigte sich in der Gangart der Regie-rung. Am 15. III. 1933 vereitelte sie den Versuch des 3. Präsidenten des Nationalrates, des Großdeutschen Straffner, den Nationalrat zu einer Sitzung einzuberufen. Am 30. III. erklärte sie den Republikanischen Schutzbund für aufgelöst, war aber nicht in der Lage, ihn zu entwaff-nen. Ebensowenig effektiv war das darauf folgende Verbot der Heimwehren in Wien. Bei Behandlung der Anfech-tung der Notverordnungen wiederholte sich im Verfas-sungsgerichtshof die Tragikomödie des Parlaments. Ge-nügend Richter traten zurück, um das Gericht aktionsun-fähig zu machen. Sie wollten einen politischen Notstand nicht rechtlich beurteilen.

Um diese Zeit gab es in Österreich über 350 000 Ar-beitslose. Hätte dies durch eine flexiblere Finanzpolitik vermieden werden können? War die Hartwährungspolitik richtig? Mit solchen Gedanken stellte der Finanzminister der Sanierung, Viktor Kienböck, in einem bald nach dem Krieg geführten Gespräch sein Lebenswerk in Frage. Er hatte aus der in nichts zerronnenen Krone den »Alpendollar« gemacht. Er war der Mann der harten Währung. Wäre damals eine andere Finanzpolitik denkbar gewesen? Der Schrecken der Inflation lag allen in den Gliedern. Allen! Denn gerade der kleine und der ganz kleine Mann hatten durch sie alles verloren. Sparbücher, Pfandbriefe und was es da sonst noch für »sichere« Werte gab, waren nur noch zum Feuer machen gut. Die Wertbeständigkeit der Währung mußte also der Angelpunkt der Wirtschaftspolitik sein. Abgesehen davon: Hätte was immer für eine Finanzpolitik die Weltwirtschaftskrise an der österreichischen Grenze aufhalten können? Die Arbeitslosigkeit war keine österreichische Spezialität. In den USA stieg die Zahl der Arbeitslosen in den Jahren 1929 bis 1932 von 3 auf 14 Millionen.

Daß die Arbeitslosigkeit den Vormarsch der Nationalsozialisten in Österreich begünstigte, steht außer Frage. Aber Hitler hätte das Land auch überfallen, wenn es dort weniger Arbeitslose und damit weniger Nazis gegeben hätte. Im »Hossbach-Protokoll«, einer »Niederschrift über die Besprechung in der Reichskanzlei am 5. XI. 1937« heißt es: »Der Führer führte sodann aus: Zur Lösung der deutschen Frage könne es nur den Weg der Gewalt geben, dieser könne niemals risikolos sein. ... Stelle man an die Spitze der nachfolgenden Ausführungen den Entschluß zur Anwendung von Gewalt unter Risiko, dann bleibe noch die Beantwortung der Frage ›wann‹ und ›wie‹. ... sei es sein unabänderlicher Entschluß, spätestens 1943 bis 1945 die deutsche Raumfrage zu lösen ... müsse in jedem Fall einer kriegerischen Verwicklung unser erstes Ziel sein, die Tschechoslowakei und Österreich niederzuwerfen ...«

Auch demokratisch geeint und wirtschaftlich prosperierend wäre also das Land der geplanten Expansion des Dritten Reiches zum Opfer gefallen. Nur die Entschlossenheit einer militärisch gerüsteten Macht, der Gewalt mit Gewalt zu begegnen, konnte Österreich schützen. Und militärisch gerüstet und politisch aktionsfähig war damals nur Italien. Die Westmächte waren weder politisch noch militärisch kampfbereit. So fand denn auch Dollfuß bei seinen Bemühungen, die europäischen Mächte für Österreich auf den Plan zu bringen, nur bei Mussolini mehr als bloße Sympathie und grundsätzliches Interesse an der österreichischen Unabhängigkeit. Das geschah bei einem Besuch in Rom im April 1933.

Gleichzeitig bemühte sich Dollfuß um bessere Beziehungen zu Deutschland. Seine schon im Juli 1932 in Lausanne und später in Genf und Rom mit deutschen Persönlichkeiten geführten Gespräche blieben aber erfolglos. Auch die dem damaligen Unterrichtsminister Schuschnigg und dann dem politischen Direktor des Außenamtes Gesandter Hornbostel anvertrauten Missionen in Deutschland führten zu nichts. Dollfuß gab die Hoffnung auf eine Verständigung nicht auf, mußte aber gleichzeitig den frontalen Kampf mit dem Nationalsozialismus aufnehmen. Dazu mußte er vor allem die steirischen Heimwehren in sicherer Hand wissen. Also schickte er den betont nationalen steirischen Heimwehrführer Rintelen in ehrenvolle Verbannung als Gesandten nach Rom. Im Mai 1933 errichtete er die »Vaterländische Front«, die alle österreichisch Gesinnten im Kampf gegen den Nationalsozialismus unter einen Hut bringen sollte. Um diese Zeit nahm der Naziterror bedrohliche Ausmaße an. Am 19. VI. 1933 kam es zu einem Bombenwurf in eine Gruppe christlichdeutscher Turner. 1 Toter, 29 Verletzte. Das führte zum Verbot der NSDAP. Am 1. VIII. verhängte Hitler die 1000 Mark-Sperre. Soviel kostete fortan ein Ausreisevisum nach Österreich. Ein verheerender Schlag gegen den Fremdenverkehr in Österreich!

Am 20. VIII. 1933 hatte Dollfuß in Riccione wieder eine Aussprache mit Mussolini. Im September bildete er die Regierung um. Der christlichsozial-demokratische Heeresminister Vaugoin und der Landbund schieden aus. Fey wurde Vizekanzler. Also Heimwehrkurs.

*

Hinter den Kulissen liefen Verhandlungen mit den Nationalsozialisten und den Sozialdemokraten. Im Frühjahr 1933 waren Verhandlungen, die Schuschnigg, Buresch und andere im Auftrag des Bundeskanzlers mit dem in München residierenden Landesleiter der österreichischen NSDAP, Theo Habicht, führten, gescheitert. Dollfuß gab nicht auf. Er vereinbarte für den 8. I. 1934 mit Habicht eine Begegnung in der Nähe von Wien und verständigte Starhemberg am 6. Jänner, er wolle alles tun, um das Verhältnis zu Deutschland zu verbessern. Dem pflichtete Starhemberg grundsätzlich bei, wies aber darauf hin, daß nicht Habicht, sondern nur die verantwortlichen Stellen in Deutschland geeignete Verhandlungspartner wären. Dollfuß sagte die Begegnung ab.

Mit den Sozialdemokraten konnte es nicht nur deshalb zu keiner Verständigung kommen, weil eine Entwaffnung des republikanischen Schutzbundes für sie nicht in Betracht kam. Dollfuß hätte ihnen damals auch nicht mehr den Fortbestand der Partei und der freien Gewerkschaften zugestehen können. Er war nicht mehr Herr im Haus. Der war Mussolini. Dollfuß war ihm ausgeliefert, weil einzig und allein Italien Österreich effektiv vor dem Zugriff Hitlers schützte. Und Mussolini drängte zur Ausschaltung der Linken.

Am 18. I. 1934 kam der mit den außenpolitischen Angelegenheiten betraute italienische Unterstaatssekretär Fulvio Suvich zu einem offiziellen Besuch nach Wien.

Gleichfalls am 18. Jänner 1934 überreichte der österreichische Gesandte in Berlin eine Note, in der gegen die von reichsdeutschen Kreisen beeinflußten nationalsozialistischen Umtriebe in Österreich protestiert wurde. Der österreichische Vertreter beim Völkerbund informierte die Außenminister Englands, Frankreichs und Polens, den italienischen Vertreter beim Völkerbund sowie den Ratspräsidenten von diesem Schritt.

Am 20. Jänner hielt Dollfuß eine wichtige politische Rede. Er betonte die Bedeutung des Suvich-Besuches. In einer Zeit, in der die Unabhängigkeit Österreichs bekämpft werde, sei er eine Bestätigung der Freiheit des Landes. Kein anderes Land sei Österreich wirtschaftlich so weit entgegengekommen wie Italien, das auch politisch an der Seite Österreichs stehe. Der Kanzler erwähnte dann eine im Unterhaus abgegebene Erklärung des britischen Außenministers Sir John Simons, in der er die Nichteinmischung der englischen Regierung in die österreichische Innenpolitik proklamierte sowie die am 17. I. im Senat erfolgte Feststellung des französischen Außenministers Paul-Boncour, daß Frankreich in der Frage der österreichischen Unabhängigkeit mit Italien konform gehe.

Zur Zeit seiner Silvesterrede hätten günstige Aussichten bestanden, zu einer ernsthaften Diskussion mit Deutschland zu gelangen und die Bundesregierung habe alles getan, um die hierfür nötigen Voraussetzungen zu schaffen. Die Antwort sei eine Terrorwelle von bisher noch nicht erlebter Intensität gewesen. Die Bundesregierung werde dem mit aller Entschiedenheit entgegentreten müssen.

Schließlich rief der Kanzler die Arbeiterschaft auf, an

der Schaffung einer Neuordnung mitzuwirken, in der die Beziehungen zwischen Unternehmer und Arbeiter nicht von liberalistisch-kapitalistischen Grundsätzen, sondern vom Verhältnis Mensch zu Mensch geprägt sein sollten.

Ein am 21. Jänner ausgegebenes amtliches Communiqué bezeichnet den Suvich-Besuch als neuerlichen Beweis für die besonders freundschaftlichen Beziehungen zwischen Österreich und Italien und als klare Bestätigung der in Riccione besprochenen Außenpolitik, die hauptsächlich die Erhaltung der vollen Unabhängigkeit, die Neugestaltung und den wirtschaftlichen Wiederaufbau Österreichs zum Ziele habe.

Am 28. Jänner sagte Starhemberg bei einer Führertagung des Heimatschutzverbandes Niederösterreich, daß sich an der Kampfstellung gegen die Demokratie und ihre Anhänger nichts geändert habe. Dabei sei es gleichgültig, ob sich die Träger der Demokratie unter der marxistischen Ballonmütze, unter dem liberalen Mäntelchen oder hinter der Maske der christlichsozialen Partei versteckten.

Gleichfalls am 28. Jänner erklärte der Parteirat der sozialdemokratischen Partei die Bereitschaft der Sozialdemokraten, an einer friedlichen und verfassungsmäßigen Entwirrung der Krise mitzuwirken, wies aber darauf hin, daß der Bundeskanzler die »innere Bereitschaft« der Arbeiterschaft zur Mitarbeit an der Durchführung von Plänen nicht erwarten könne, wenn diese Pläne der Arbeiterschaft noch nicht bekannt seien. Wenn aber eine Verfassungsreform auf verfassungsmäßigem Wege geschaffen werden solle, welche die Gesetzgebung im Bund und in den Ländern durch auf Grund des allgemeinen und gleichen Wahlrechtes gewählte Körperschaften gewährleiste, und wenn das freie Koalitionsrecht der Arbeiter und Angestellten gesichert würde, dann werde die Arbeiter- und Angestelltenschaft sicherlich zur Mitarbeit an der

Schaffung einer solchen Verfassung bereit sein. Die sozial-demokratischen Arbeiter und Angestellten seien bereit, die Unabhängigkeit Österreichs mit allen Mitteln zu verteidigen, weil sie die erbittertsten Feinde des National-faschismus seien. Der Kampf gegen diesen, der die Unab-hängigkeit Österreichs bedrohe, könne aber nur dann wirksam geführt werden, wenn die Propaganda aller dem Nationalfaschismus feindlichen Parteien von beengenden Schranken befreit werde, wenn der Arbeiter- und Ange-stelltenschaft die Gewähr geboten werde, daß sie ihre eigene Freiheit schütze, indem sie die Unabhängigkeit Österreichs verteidige, und wenn alle demokratischen Kräfte Österreichs unbeschadet ihrer sonstigen Gegensät-ze im Kampf gegen jeden Faschismus und zur planmäßi-gen Erneuerung der Wirtschaft zusammenwirkten. In der Erklärung wird ferner mitgeteilt, daß der Parteirat für die Fortsetzung des Abwehrkampfes gegen alle faschistischen Bestrebungen Weisungen beschlossen habe, die unmittel-bar den Organisationen übermittelt werden würden.

Am 30. Jänner wies Hitler in einer Rede vor dem Reichstag die Behauptung, Deutschland beabsichtige Österreich zu vergewaltigen als absurd und nicht beweis-bar zurück, doch sei es selbstverständlich, daß eine die ganze deutsche Nation erfassende Idee nicht vor den Grenzpfählen eines deutschen Landes haltmache.

Am 2. Februar überreichte der Reichsaußenminister dem österreichischen Gesandten die Antwort auf die Note vom 17. I. Sie wies die österreichischen Beschwerden scharf zurück.

Am 4. Februar gab der Tiroler Landeshauptmann der Forderung der Tiroler Heimwehr nach Einsetzung eines von den Parteien unabhängigen Landesausschusses statt. Ob dieser Landesausschuß neben die Landesregierung oder an ihre Stelle treten sollte, war noch unentschieden.

Auch die Forderung der Tiroler Heimwehr nach Auflösung der sozialdemokratischen und der christlichsozialen Partei war »einstweilen noch in Schwebe.«

Am 6., 7. und 8. Februar stellten die Heimwehrführer in den anderen Bundesländern den Landeshauptmännern analoge Forderungen. Diese behielten sich die Prüfung der Verfassungsmäßigkeit vor.

Am 8. Februar meldete die »Amtliche Nachrichtenstelle«, daß der Republikanische Schutzbund eine umfangreiche Tätigkeit entfalte und Waffen und Munition im großen Umfang bereitgestellt habe. Die in Wien und einigen niederösterreichischen Orten vorgenommenen Hausdurchsuchungen führten zur Beschlagnahme von Maschinengewehren, Munition, Handgranaten und Sprengstoffen.

Am 10. Februar entzog Vizekanzler Fey der Wiener Gemeindeverwaltung die sicherheitspolitischen Agenden und übergab sie dem Sicherheitsdirektor und dem Polizeipräsidenten von Wien.

Das war also die Lage. Die Heimwehren marschierten. Und während die Christlichsozialen im September 1930 stark genug waren, die verfassungswidrigen Ambitionen Steidles zu blockieren, konnten die Heimwehren jetzt die Auflösung der christlichsozialen Partei verlangen. Inzwischen war eben einiges passiert, das sie aufgebaut und Dollfuß von ihnen abhängig gemacht hatte. Jetzt war er ein Gefangener der Heimwehren und ihres Schutzherrn Mussolini. Und Mussolini forcierte die Ausschaltung der Linken. Gegen den Rat des militärisch erfahrenen Generals Körner hielt die sozialdemokratische Parteiführung an dem Bürgerkriegskonzept des Linzer Parteiprogrammes (30. X. 1926) fest. Jeder Versuch, die Partei aufzulösen oder den Republikanischen Schutzbund zu entwaffnen, sollte mit Gewalt beantwortet werden. Die militärischen Aufmarschpläne dafür lagen vor.

Am 11. II. 1934 erfuhr der Führer des Oberösterreichischen Schutzbundes Bernaschek, daß für den folgenden Tag eine Waffenrazzia anberaumt sei. Er verständigte Otto Bauer, daß er entschlossen sei, Widerstand zu leisten. Dieser versuchte vergeblich, ihn zurückzuhalten. Als die Polizei am 12. II. in das Linzer Arbeiterheim eindringen wollte, eröffneten die Schutzbündler das Feuer. Die Bundesregierung wurde während eines Festgottesdienstes in der Stephanskirche von dieser Nachricht überrascht. Julius Deutsch mobilisierte den Schutzbund. Aber die Exekutive war schlagkräftiger. Schon am Abend des 12. II. war der Kampf so gut wie entschieden. In der Nacht floh Otto Bauer in die Tschechoslowakei. Am 14. II. folgte Julius Deutsch ihm nach. Die Kämpfe dauerten noch einen Tag. Dann war es aus. Das waren die schwärzesten Tage in der inneren Geschichte Österreichs.

Seitz, Renner und andere sozialistische Persönlichkeiten wurden verhaftet. Die Partei und die freien Gewerkschaften wurden aufgelöst.

Am 17. II. 1934 erklärten die britische, französische und italienische Regierung nach Befassung mit einem ihnen von Österreich übergebenen Dossier über deutsche Einmischungen in innerösterreichische Angelegenheiten in einem gemeinsamen Communiqué, »daß sie von der Notwendigkeit überzeugt seien, Österreichs Unabhängigkeit und Integrität in Übereinstimmung mit den diesbezüglichen Verträgen zu erhalten.«

Am 17. III. wurden die Römischen Protokolle unterzeichnet, die eine politische und wirtschaftliche Zusammenarbeit Österreichs, Italiens und Ungarns einleiteten.

Am 1. V. wurde eine neue Verfassung erlassen.

Am gleichen Tag bildete Dollfuß die Regierung um. Starhemberg wurde Vizekanzler, Fey zum Minister ohne Portefeuille degradiert.

Am 25. VII. 1934 schlugen die Nationalsozialisten in
Österreich los. In Bayern stand die 15 000 Mann starke
»Österreichische Legion« bereit. Dollfuß wurde ermor-
det. Das sollte das Signal für die Volkserhebung sein. Aber
das Volk tat nicht mit, und die Exekutive schlug den
Aufstand der bewaffneten NS-Formationen nieder. Dabei
verlor sie 150 Mann. Hitler konnte nicht eingreifen, weil
Mussolini 10 Divisionen an den Brenner und an die
Kärntner Grenze warf.

*

Die ersten Prager Reaktionen auf die Machtergreifung
Hitlers in Deutschland waren folgende:
Sogleich nach Bekanntwerden der Wahlresultate vom
5. III. 1933 entpuppte sich ein Legationssekretär der
deutschen Gesandtschaft als »alter Kämpfer« und stolzier-
te mit dem Parteiabzeichen durch die Stadt. Es war ein
blonder Hüne. Das hinderte einen kleinen Juden nicht,
ihn auf offener Straße anzuspringen und ihm von unten
hinauf zwei schallende Ohrfeigen zu geben. Die tschechoslowakische Regierung drückte ihr Bedauern aus und
teilte dem Legationssekretär zwei Leibwachen zu.
Vorsichtiger als der kleine Jude reagierte der tschechoslowakische Außenminister Eduard Beneš im Parlament.
Unter Zl. 33/pol. vom 8. III. 1933 berichtete Gesandter
Marek über das Exposé des Außenministers betreffend
einen neuen Organisationspakt der Kleinen Entente. Da
hieß es:
1. Die Kleine Entente bildet »einen festen Damm gegen
den zentraleuropäischen Revisionismus.« (Die Ungarischen Revisionsansprüche.)
2. »Wir wollen mit dem heutigen Deutschland in dem
gleichen Freundschaftsverhältnisse leben, in welchem wir
mit dem Deutschland Stresemanns gestanden sind.«

3. Die Kleine Entente wird »immer ein unüberwindbares Hindernis dagegen sein, daß die Habsburger jemals wiederkehren. Damit ist für immer ein Ende gemacht.«

Das Trauma Vergangenheit hat oft Geschichte gemacht. Dafür nur ein Beispiel: Im Österreichischen Erbfolgekrieg und dem Kampf Friedrichs von Preußen gegen Maria Theresia stellte Frankreich sich gegen Österreich. Jacques Bainville schreibt dazu in seiner »Geschichte Frankreichs«: »Als der König von Preußen ohne Warnung und gegen alle Regeln politischer Moral in eine Österreichische Provinz, in Schlesien einbrach... wurde sein Gewaltakt, der Empörung ausgelöst haben sollte, mit Beifall begrüßt, weil er sich gegen Österreich richtete, das immer noch als der Erbfeind Frankreichs betrachtet wurde... Alles, was wir im 18. Jahrhundert durch die Fortsetzung der im 17. Jahrhundert richtigen Anti-Habsburg-Politik gewonnen haben, war, daß wir Preußen vergrößert und das Europäische Gleichgewicht zerstört haben.«

Im Jahre 1933 schlug Beneš gegen Ungarn und Habsburg aus und reichte Hitler die Hand. Also Erbhaß und Zukunftsblindheit. Die Berichte Mareks zeigen, daß Beneš Hitler von vornherein und auch nach der Machtergreifung keine Chancen gab. Er vermied es allerdings, sich gegen ihn zu exponieren.

Bericht Zl. 99/pol. vom 19. IX. 1932

»Er (Beneš) ist, wie er mir sagte, zwar der Ansicht, daß die nationalsozialistische Welle im Reich ihren Höhepunkt überschritten und daß Herr Hitler einfach den richtigen Zeitpunkt für die Machtergreifung versäumt habe, doch sei man noch weit davon entfernt, von einer Klärung der innenpolitischen Lage sprechen zu können. Wenn auch die Nationalsozialisten bei den kommenden Wahlen Stimmen verlieren und eventuell 20 – 30 Mandate weniger haben werden...«

Bericht Zl. 115/pol. vom 26. X. 1932

Beneš: »Die Welt sei wahnsinnig geworden. Wenn die europäischen Staaten es so weiter treiben werden, so werden sie nichts anderes sein als die Wegbereiter für den Bolschewismus... Die Wahlen dürften in Deutschland einen Rückgang der Sozialdemokraten und der Hitlerpartei bringen neben einem Anwachsen der Kommunisten und der Hugenbergpartei. Der Reichstag werde ingouvernabel bleiben und ein System der Diktatur scheinbar rechtfertigen. Nach Charakter des deutschen Volkes sei in Deutschland nur eine militärische Diktatur möglich...«

Bericht Zl. 128/pol. vom 19. XI. 1932

»Dr. Beneš bemühte sich, im Außenpolitischen Exposé besonders hervorzuheben, welchen Wert er stets auf gute Beziehungen zu Deutschland gelegt habe und lege.«

Bericht Zl. 55/pol. vom 31. III. 1933

»Der deutsche Versuch einer Parteidiktatur ist seiner (Beneš's) Ansicht nach im voraus zum Mißerfolg verurteilt. Reichskanzler Hitler werde weder das Tempo noch die Richtung durchhalten, und Dr. Beneš glaubt nicht, daß Deutschland die ersten 4 Jahre des Hitlerschen Programms werde aushalten können. Herr Präsident Masaryk stimmte hier lebhaft zu... In Parenthese möchte ich daran erinnern, daß Herr Beneš vor 10 Jahren auch dem faschistischen Regime in Italien nur eine ganz kurze Lebensdauer prophezeit hatte.«

Bericht Zl. 78/pol. vom 25. IV. 1933

»In dieser Hinsicht (Anschluß) habe er (Beneš) Mussolini wissen lassen, daß es sich hier in erster Linie doch auch um ein italienisches Interesse handelt und er habe vorgezogen von Prag aus nichts mehr in dieser Frage zu unternehmen. Die Absage Italiens an den Anschluß wäre deutlich genug gewesen... Für Österreich wäre jetzt die große Gelegenheit da, sich zu konsolidieren und insbesondere international seine Stellung festzulegen. Es wäre nach Ansicht des Ministers jetzt die einzigartige Gelegenheit gegeben, die Neutralisierung des Landes durchführen zu lassen, wozu Österreich selbst die Initiative zu ergreifen hätte... Auf meinen Einwand, daß Deutschland wahrscheinlich einer Neutralisierung Österreichs seine Zustimmung versagen würde, antwortete Herr Beneš, daß er davon gar nicht so fest überzeugt sei und daß schließlich, im Falle, daß alle anderen Staaten die österreichische Selbständigkeit und Neutralität verbürgen würden, Deutschland ja gar nichts dagegen machen könnte.«

Bericht Zl. 81/pol. vom 27. IV. 1933
Beneš im außenpolitischen Exposé vom 25. IV. 1933:
»In Deutschland habe man die Kleine Entente hauptsächlich deshalb mißtrauisch beobachtet, weil man in ihr ein Mittel der französischen Politik erblicken wolle... zur Schaffung einer mitteleuropäischen Konstellation, welche Österreich in sich aufnehmen und den Anschluß an Deutschland für unabsehbare Zeit unmöglich machen solle... Der Anschluß sei nicht eine Frage, die bloß die Tschechoslowakei betreffe, er sei vor allem eine Frage Österreichs selbst, und dann eine Frage von ganz Europa.«

Marek bemerkte zu diesen Äußerungen Beneš's: »Herr Beneš legt sich nunmehr, wie man sieht, auch in der Anschlußfrage große Zurückhaltung auf, was sicherlich... darauf zurückzuführen ist,... daß er überzeugt ist, daß gegebenenfalls nicht nur Frankreich, sondern ebenso Italien die Kastanien aus dem Feuer holen würde.«

Bericht Zl. 194/pol. vom 27. IX. 1933
Staatspräsident Masaryk zu Marek: »Für unsere Staaten und für ganz Mitteleuropa wäre es nach Ansicht des Herrn

Präsidenten die beste und vielleicht einzige Lösung, wenn ›wir drei‹, d. h. Österreich, die Tschechoslowakei und Ungarn wieder zusammenfinden würden. Auf meine dahin zielende Frage meinte der Präsident, man müßte kurz und gut eine Art neues Österreich-Ungarn schaffen. Leider bestehe derzeit noch wenig Aussicht, daß die Ungarn zur Vernunft kommen.« (Gemeint waren die ungarischen Revisionsforderungen.)

Bericht Zl. 230/pol. 1933
Beneš in einem außenpolitischen Exposé über die Spannungen zwischen Österreich und Deutschland: »Wir haben freilich nicht die Absicht, uns bei diesen Fragen in etwas hineinzumischen.«

So war es und so blieb es. Die Tschechoslowakei exponierte sich in der Anschlußfrage nicht. Die Empfehlung einer selbstgewählten Neutralisierung Österreichs war damals reine Theorie. Denn nicht nur Deutschland, sondern auch Italien hätte sie abgelehnt, und Frankreich und England waren ängstlich darauf bedacht, Hitler nicht zu reizen. Masaryks Wunschtraum der Schaffung eines neuen Österreich-Ungarn wäre das Eingeständnis eines verhängnisvollen Fehlers gewesen, wenn die gewünschte Dreierkombination nicht etwas ganz anderes gewesen wäre als die alte Monarchie. Denn aus dem Gewicht der Partner hätte sich die Verschiebung des Schwerpunktes nach Prag ergeben.

Mutiger als der Außenminister war die Prager Jugend. In den Nachtlokalen sang man frenetisch: »Who's afraid of the big bad wolf?« Wer fürchtet sich vor dem bösen Wolf? Für wie bös wurde der Wolf gehalten? Der tschechoslowakische Gesandte in London, Jan Masaryk, sagte nach einer Begegnung mit Hitler zu Eden, er halte ihn für einen Fanatiker, aber nicht für unaufrichtig. Wer dachte damals ernstlich an eine Bedrohung des Friedens? Am

1.XII. 1932 berichtete Gesandter Marek unter Zl.
137/pol, es gebe »Nachrichten, die von einer... Neuver-
teilung der operativen Aufgaben der Kleinen Entente
wissen wollen. Es soll sich im wesentlichen darum handeln, daß die tschechoslowakische Armee an der ungarischen Front durch Jugoslawien und Rumänien entlastet
werden solle, um sie hauptsächlich an der deutschen
Grenze konzentrieren zu können.« Das waren Spielereien
der Generalstäbler. Aber niemand sah voraus, daß Hitler
eine Kriegsmaschine aufbauen würde, wie sie die Welt
noch nicht gesehen hatte. Daher nahm sich auch niemand
die Mühe, den Frieden durch Aufrüstung zu sichern.

Der Leiter des »Institut Français«, Beuve-Méry, ein
Mann von hoher Bildung und ausgewogenem politischen
Urteil, der später viele Jahre hindurch Direktor der Pariser
Zeitung »Le Monde« war, half mir bei der Vorbereitung
für die Diplomaten-Prüfung. Ich hatte Respekt vor ihm.
Ein einziges Mal habe ich ihm widersprochen. Denn er
lehnte eine Aufrüstung der Westmächte ab. Der Westen
müsse zeigen, daß er keinen Krieg mehr führen wolle. Die
Aufrüstung würde ihn unglaubwürdig machen. Und das
war im Sommer 1934, also mehr als ein Jahr nach der
Machtergreifung Hitlers und nach dem Dollfuß-Mord.
Der Westen rüstete nicht. Und die Kleine Entente schon
gar nicht.

*

Zurückschauend wundere ich mich oft, was alles im Tag
eines jungen Mannes Platz hat. Als wirtschaftspolitischer
Referent hatte ich auf der Gesandtschaft Arbeit genug,
und gleichzeitig bereitete ich mich auf die Diplomatenprüfung vor. Ich erlebte in vollen Zügen die erste Liebe und
gleichzeitig geriet ich in den Bann einer anderen Liebe, die

mich mein Leben lang begleiten sollte: der Liebe zu unserer Sprache.

> »Der Mond ist aufgegangen,
> Die goldnen Sternlein prangen
> Am Himmel hell und klar.«

> »La lune blanche luit dans les bois,
> De chaque branche part une voix.«

Am Gegensatz dieser Verse von Claudius und Verlaine ging mir mit einem Mal der Klang der deutschen Sprache auf, das Läuten unserer Vokale.

> »Als Kaiser Rotbart lobesam
> Durchs heilige Land gezogen kam.«

Da wurden mir die Klangmöglichkeiten unserer Sprache vertraut.

> »Draußen in Weidlingau,
> In jenem Alter
> War mir der Himmel blau
> Rot war der Falter.«

Diese Zeile »Rot war der Falter«, ihr Rhythmus, ihr Klang, ihre Farben, wurden mir zum Leitbild. Und dieser Vers wurde einem Mann geschenkt, der die Inspiration leugnete, der meinte, um ein Gedicht zu machen genüge es, es machen zu wollen und es machen zu können, einem Mann, dessen Geisteshaltung mir in der Seele zuwider war: Karl Kraus.

*

Irgendwann im Herbst 1934 ging ich nach Wien, um mich der Diplomatenprüfung zu stellen.

Nach bestandener Prüfung kehrte ich vergnügt nach

Prag zurück. Nicht auf lange. Ich wurde per Jänner 1935 nach Paris versetzt. Ich war unglücklich. Um so lange als nur möglich in Prag zu bleiben, wollte ich nach Paris fliegen. Die viermotorige Maschine konnte mich nicht fortbringen. Sie mußte wegen einer Tragflächenvereisung umkehren. Noch eine Nacht gewonnen! Tags darauf fuhr ich per Bahn.

Am nächsten Tag sollte ich mich in Jaquette und Zylinder beim Gesandten Egger-Möllwald vorstellen. Ein damaliges Attachégehalt gestattete nicht den Luxus, ein Taxi zu nehmen. Also stieg ich in Jaquette und Zylinder in den Autobus. Es war der falsche. Und als ich dann etwa 10 Minuten verspätet auf der Gesandtschaft einlangte, sagte mir der Amtsdiener, der Herr Gesandte habe mich um 10 Uhr erwartet, jetzt sei er für mich nicht mehr zu sprechen. Also mußte ich am nächsten Tag wieder in Jaquette und Zylinder in den Autobus steigen. Diesmal in den richtigen. Ich wurde überaus liebenswürdig empfangen. Aber ich war unglücklich. Paris konnte mich nicht locken. Ohne das Stückerl Prag hielt ich es nicht aus. Und Paris bedeutete die ganze Trennung. In Wien war die Möglichkeit von gegenseitigen Besuchen gegeben. Nach drei Monaten bat ich um Einberufung in das Außenamt. Jeder wußte warum. Gesandter Egger half mir wie er nur konnte. Der Außenminister war wütend und wollte mich hinausschmeißen. Der Leiter der wirtschaftspolitischen Abteilung des Außenamtes, Gesandter Wildner, der mich von meiner Prager Tätigkeit her kannte, setzte sich aber für mich ein.

Bundeskanzleramt, Auswärtige
Angelegenheiten und ein Stückerl Prag

So wurde ich im Frühjahr 1935 in das Bundeskanzleramt, Auswärtige Angelegenheiten, einberufen. Zunächst wurde ich in die Strafabteilung gesteckt. Verpflegungskosten. Das sind die zwischenstaatlichen Verrechnungen, die sich aus Spitalsbehandlungen gegenseitiger Staatsbürger ergeben. Lustig! Aber das dauerte nur wenige Wochen. Dann holte Gesandter Wildner mich in die wirtschaftspolitische Abteilung.

Heinrich Wildner galt als Drache. Die ältesten Gesandten schlotterten, sooft sie sein Zimmer betraten. Es hieß, es gebe keinen, der nicht vor ihm in Tränen ausgebrochen sei. Das war natürlich übertrieben. Aber hart war er, hart und überragend. Er und der politische Direktor, Gesandter Theodor Hornbostel, waren die großen Männer jener Zeit. Dieser Heinrich Wildner nahm mich in die Lehre. Damit begann mein Noviziat. Zunächst gab er mir eine Trottelarbeit, die obendrein sinnlos war. Statistische Berechnungen. Ich verstand, was er wollte:

> »Mut zeiget auch der Mameluk,
> Gehorsam ist des Christen Schmuck.«

Egal. Ich hatte öfters Besuch aus Prag und fuhr öfters über den Sonntag hin. Samstag war bis 13 Uhr Dienst und Wildner rief mich gern um 12.59 Uhr. Immerhin, ich hatte nachmittags einen guten Zug und konnte von Samstag abend bis Sonntag abend in Prag sein. Mühsamer war es im Sommer. Da mußte ich nach Marienbad fahren. Anfangs

gab es eine Flugmöglichkeit, ab Prag mit der einzigen
einmotorigen Maschine einer obskuren Fluggesellschaft.
Die Passagiere mußten einen Revers unterschreiben, daß
ihre Angehörigen im Fall der Fälle keine Schadenersatz-
forderungen stellen würden. Als der Schepperkasten dann
– ohne mich – abgestürzt war, mußte ich hin und zurück
mit der Bahn fahren und saß länger im Zug als in Marienbad. Der damalige Personalchef des Außenamtes, Legationsrat Eckhart, wollte mir helfen. »Glaub mir, Buberl,
es gibt nur eine glückliche Art der Liebe. Du kommst
abends heim, drückst auf einen Knopf, die Wand öffnet
sich, und heraus kommt ein hübsches Mädel. Nach einer
Stunde drückst Du wieder auf den Knopf, die Wand tut
sich auf, saugt das Mädel ein – dies illustrierte er phone-
tisch – und heraus kommen ein Paar Würstel, ein Krügel
Bier und das ›Wiener Journal‹.«

»Hübsch gepredigt, aber tauben Ohren.« Dennoch war
ich glücklich. Wien gab mir die Nähe Prags, gab mir
Bücher und gab mir Musik.

Urlaub gab es wenig. Waren es noch wie anfangs 2
Wochen? Waren es schon 3? Da ich im Sommer wegen der
statistischen Trottelarbeit nicht fortfahren konnte, plante
ich einen Skiurlaub in Kitzbühel. Der Zug ging bald nach
13 Uhr. Das Stückerl Prag sollte mich am Westbahnhof
erwarten. Alles kam darauf an, daß Wildner mich recht-
zeitig zur Abmeldung vorließ. Als er mich bis 13 Uhr
nicht gerufen hatte, tat ich etwas Irrsinniges, schlimmer
noch, etwas Unkorrektes. Ich rief den Stationschef des
Westbahnhofes an, sagte, ich müsse mit einem Kurierauftrag nach Paris fahren, würde mich aus technischen Gründen etwas verspäten und er möge so gut sein, den Zug
zurückzuhalten. »Pire qu'un crime, une bêtise.« Ein
Rückruf in der Kurierabteilung und der Schwindel wäre
aufgeflogen. Und dann wäre ich rettungslos hinausge-

schmissen worden. Mit Recht. Kaum hatte ich den Hörer
aufgelegt, rief mich Wildner. Am Westbahnhof erwartete
mich Stationschef Schnee. Er hatte ein Coupé freigehalten
und gab mir einen Coupéschlüssel, um es, wenn ich essen
ginge, absperren zu können. Den Schlüssel habe ich heute
noch. Gott verzeih' mir die Viecherei. Damals hatte ich
eben noch nicht den Drill, den uns der Ballhausplatz mit
auf den Weg gegeben hat, die Erziehung, die uns später oft
eine entscheidende Überlegenheit über unser Gegenüber
gegeben hat, weil sie uns gelehrt hat, in kritischen Situatio-
nen die Haltung zu bewahren und die Nerven nur zu
verlieren, wenn man weiß: Jetzt.

Wildner und Hornbostel, Hornbostel und Wildner, das
waren die großen Lehrmeister meiner Generation. Schöner und ich tauschten die von ihnen empfangenen Leitsät-
ze aus. Wildner sagte ihm: »Wenn Sie später einmal eine
heikle Demarche durchführen werden, so überlegen Sie
sich nicht nur, was Sie sagen wollen, sondern auch, was
Ihr Gegenüber antworten könnte, und das in mehreren
Varianten. Sollte dann auch eine ganz andere Antwort
kommen, so haben Sie die Materie so durchgeknetet, daß
Sie um eine Erwiderung nicht verlegen sein werden.« Als
Botschafter in den Vereinigten Staaten und in Italien habe
ich dann unzählige Male dem ersten Botschaftsrat und der
Telephonistin gesagt: »Ich geh jetzt auf eine Stunde in den
Rock-Creek-Park« oder später in Rom, »in die Villa
Borghese«. Und dort habe ich mich auf bevorstehende
Demarchen genau so vorbereitet, wie Wildner es empfoh-
len hatte.

Wildner regte uns auch zur Vertiefung unserer Ge-
schichtskenntnisse an. Das geschah nicht schulmeister-
haft. Durch unauffällig eingeflochtene Bemerkungen
machte er uns neugierig. Hie und da nahm er sich am
Abend Zeit für ein Gespräch. Da sagte er einmal ungefähr:

Der Kampftrieb liegt dem Menschen im Blut. Immer wieder wird er durch große Ideen entfesselt und immer wieder durch das Brot. Zu Davids Zeiten zogen die Könige aus, erschlugen die Nachbarn, trieben ihr Vieh fort und nahmen ihre Kleider. Später ging es um reiche Provinzen, um blühende Städte und schließlich um Rohstoffbasen, Industriepotential und Märkte. Immer fällt der Starke über den Schwächeren her. Nur der Gerüstete kann in Frieden leben. »Si vis pacem para bellum.«

An diese Ausführungen Wildners mußte ich denken, als ich viel später das »Hossbach-Protokoll« über die Besprechung in der Reichskanzlei vom 5. XI. 1937 in die Hand bekam. Nach Darlegung, daß er entschlossen sei, die deutsche Frage – also die große Idee der Vereinigung aller Deutschen – mit Gewalt zu lösen, und daß »die Aufrüstung der Armee, Kriegsmarine, Luftwaffe sowie die Bildung des Offizierskorps annähernd beendet« seien, führte Hitler aus: ». . . könne die Einverleibung der Tschechoslowakei und Österreichs den Gewinn von Nahrungsmitteln für fünf bis sechs Millionen bedeuten unter Zugrundelegung, daß eine zwangsweise Emigration aus der Tschechoslowakei von zwei, aus Österreich von einer Million Menschen zur Durchführung gelänge.« Also: Idee und Brot.

Was Wildner erreichen wollte, war, daß wir aus der Geschichte lernten. So kam es, daß ich mir auf Grund französischer Werke ausführliche Handbücher der französischen und englischen Geschichte in französischer Sprache anlegte. Nebenbei tat ich das gleiche für die Geschichte der Malerei. Natürlich geschah das nur an den vielen Abenden, wo das Stückerl Prag nicht in Wien war.

*

Auch damals gehörte ein guter Teil meiner Abende der Musik. Was ich als Bub empfunden hatte, diese Entführung in die andere Dimension, das erlebte ich jetzt bewußter. Nur waren die Grenzen geschwunden. Die allumfangende Ordnung, die den Raum und die Zeit genauso einschließt wie das, was vor und hinter ihnen liegt, kam mir in der Musik in fließenden Wandlungen entgegen, die eine Ordnung, die sich in Flechten und Moosen, in Gräsern und Bäumen in zahllosen Gestalten zeigt. Hier formt das Leben. Dort schafft der Mensch.

Goethe nennt die Musik die schönste Offenbarung Gottes. Hegel sagt: »In der Kunst, ganz besonders in der Musik der großen Komponisten, haben wir es mit keinem bloß angenehmen und nützlichen Spielwerk zu tun, sondern mit der Entfaltung der absoluten Wahrheit.« In seinem Aufsatz über das Marionetten-Theater weist Kleist darauf hin »welche Unordnungen in der natürlichen Grazie des Menschen das Bewußtsein anrichtet«, während die Bewegungen des Hampelmannes, die der Schwerkraft gehorchen, immer vollkommen sind. Und er kommt zum Schluß, daß »die Grazie . . . in demjenigen . . . am reinsten erscheint, der entweder gar keins oder ein unendliches Bewußtsein hat, d. h. in dem Gliedermann oder in dem Gott.« Also: Nur im blinden und im lichtesten Einklang mit der inneren Ordnung der Welt glückt das Vollendete. In Kristallen, Blumen, Vogelrufen und in dem aus unbewußtem Grund quellenden Werk des Genies.

Das waren Gedanken, die mich schon früh beschäftigten. An einen strukturellen Zusammenhang zwischen dem Kosmos, der Natur und der Musik habe ich damals aber nicht gedacht. Von Pythagoras kannte ich nur den Lehrsatz von der Gleichheit der Summe der Kathetenquadrate und des Hypotenusenquadrates. Von seiner Lehre, daß die, den musikalischen Intervallen (Terz, Quart, Quint usw.) zugrundeliegenden Zahlengesetze auch in der Natur herrschen, hatte ich damals keine Ahnung. Ebensowenig wußte ich von Keplers Nachweis, daß die Planetenbahnen eben diesen Zahlenverhältnissen entsprechen. Und Rudolf Haase, der diese Übereinstimmung in Aufbau und Rhythmen im Kosmos, den Kristallen und der belebten Welt empirisch nachgewiesen hat, war damals ein Kind. Damals schien mir die Tonalität natürlich, weil ich mich in ihr wohlfühlte. Heute zeigt die harmonikale Grundlagenforschung, daß sie naturgegeben ist. Daß sie keine willkürliche Erfindung des christlichen Abendlandes ist, geht auch daraus hervor, daß die Haupttonleiter der indischen Musik, der Sa-Grama, die gleiche Intervallfolge hat wie unsere Dur-Tonleiter. Und spiegelverkehrt ist diese identisch mit der altgriechischen Zentral-Tonleiter »Dorisch«. Daß man im Rahmen der Tonalität zu grundverschiedenen Resultaten kommen kann, ist evident. Tonalität heißt auch nicht durchgehende Harmonie. Sie ist das Eingebundensein in eine Ordnung, die schließlich in den Dreiklang führt.

Im Gespräch mit der Cembalistin Isolde Ahlgrimm erwähnte ich einmal meine Liebe zu den ringenden Werken des 19. Jahrhunderts. Sie war entsetzt. – »Wie können Sie das sagen! Im 19. Jahrhundert ist die Erbsünde in die Musik gekommen.« – »Auch ich lebe mit ihr.«

Am 29. XI. 1935 hörte ich die »Gurrelieder« und am 8. VI. 1936 die »Verklärte Nacht« von Arnold Schönberg. Ja. Aber warum nicht gleich Wagner? Am 16. VI. 1937 hörte ich dann »Pierrot lunaire«. Interessant, genial, aber naturfern exzentrisch. Konnte Schönberg sich nur durch die Umstellung auf die freie Atonalität vom dominierenden Einfluß Wagners befreien? Und dann sein nächster Schritt, die Zwölftontechnik. Das war dann wieder eine Ordnung. Die naturgegebene wurde durch eine vom Menschen erfundene ersetzt.

Von Conrad Lester hörte ich später, Schönberg habe

sich Alma Werfel gegenüber geäußert, er habe manchmal das Gefühl, in eine geniale Sackgasse geraten zu sein. Nahm er diesen Weg in der Erkenntnis, daß er im Rahmen der Tonalität nichts Zündendes leisten konnte? Den Meister, der das zustandegebracht hat, Richard Strauss, haßte er, obwohl er ihm persönlich viel schuldete. Lester erzählt von einem Abend bei Alma Werfel. Sie saß auf dem Divan und vor ihr im Halbkreis saßen die Gäste, Schönberg ganz vorne, Lester ganz hinten. Da schmetterte Schönberg, Strauss habe sein ganzes Leben lang keinen einzigen musikalischen Einfall gehabt. Dann drehte er sich zu Lester um. – »Sie denken jetzt, das könnte man auch von mir sagen. Aber da irren Sie sich.« Lester hatte das wirklich gedacht.

Schönberg war auch Maler. Es gibt ein Selbstportrait, wo er sich von hinten darstellt, wie er über eine Wiese geht. Neben dem Weg.

Damals ereignete sich meine erste Begegnung mit Friedrich Nietzsche. »Also sprach Zarathustra.« Dabei ging es mir so wie meiner Großmutter mit dem Wermut. In meinem Elternhaus wurde dieser bei Tisch mit der Suppe serviert. Meine Großmutter kostete. »Das ist Peli« – denn meine österreichische Großmutter war Kroatin – »den mag ich nicht.« Und sie schob das Glas weg. Nach einer Zeit nippte sie wieder, schüttelte den Kopf und schob das Glas noch weiter weg. So ging es, bis das Glas kaum noch in Reichweite stand und leer war. Genauso verfuhr ich mit Nietzsche. Er konnte mich fürchterlich ärgern. Dann legte ich das Buch weg, aber doch nie außer Reichweite.

Nietzsche war für mich ein Spracherlebnis. Er selbst nennt sich neben Luther und Goethe einen der drei Schöpfer der deutschen Sprache. Und er schreibt: »Mein Stil ist ein Tanz; ein Spiel mit Symmetrien aller Art und ein Überspringen und Verspotten dieser Symmetrien. Das geht bis in die Wahl der Vokale.« Von dieser Sprache war ich damals – ich war noch nicht dreißig Jahre alt – fasziniert. Und doch drängte sie mich in die entgegengesetzte Richtung. Ich suchte Einfachheit. Ich suchte Transparenz. Ich spürte, daß Sprache führt. »Ach, wo ist noch ein Meer, in dem man ertrinken könnte«, fragt Zarathustra. Ich suchte in der Sprache den Weg zu diesem Meer. Ich spürte, daß das Meer sich in der Form zeigt. Und ich spürte, daß die Form uns formt.

Die Schönheit in uns hineinschauen. Uns in die Schönheit schauen. Und so eins werden mit ihr. Daß diese Kommunion seit mehr als 2000 Jahren große Geister beschäftigte, wußte ich damals noch nicht. Heidegger sagt: »Sichtbares in Unsichtbares verwandeln.« Rilke: »Nous butinons éperdument le miel du visible pour le ramasser dans les ruches d'or de l'invisible.« Wir plündern leidenschaftlich den Honig des Sichtbaren um ihn in den Goldwaben des Unsichtbaren zu bewahren. Und Solon: »Erschließe Dir das Unsichtbare durch das Sichtbare.«

In diese Zeit fällt die Vertiefung meiner Freundschaft mit Lili Schalk. Wer war Lili Schalk? Daß ich diese Frage nicht beantworten kann, liegt an ihren Dimensionen. Diese zarte Frau war nicht einzuordnen, nicht einzugrenzen. Kein Maßstab konnte sie messen, kein Wort sie sagen. Gütig und hart, weit offen und verschlossen, voll Wärme und eisig, das war sie alles zugleich. Zugleich? Sie blieb immer sie selbst und begegnete doch einem jeden anders. Sie brauchte einen nicht erst zu kennen; ungewollt, von innen heraus, stellte sie sich sogleich auf jeden ein. Meist abwehrend. Denn sie war verletzlich. Nicht in Eitelkeiten. Nein, in ihrem Sein. Sie spürte die Spannungen und Verkrampfungen der anderen und mußte sie austragen.

Sie war im Jahre 1872 als Fräulein von Hopfen geboren worden. Ihr Urgroßvater war der Kaiserliche Hofrat

Franz Joachim von Kleyle, und der war auch Urgroßvater meines Vaters. Von früher Jugend bis zu seinem Tod verband Lili eine schöpferische Freundschaft mit dem um zwei Jahre jüngeren Hofmannsthal. Aus einer frühen, unglücklichen und kurzen Ehe hatte sie einen Sohn. Später heiratete sie den Dirigenten Franz Schalk. Ihr erster Mann war aus ihrem Leben ausgelöscht. Der Sohn wurde von Schalk adoptiert. Er brachte es zum Zeichenlehrer an einem Gymnasium. Dann, in der zweiten Hälfte der vierziger Jahre, wurde er geistesgestört und mußte in Steinhof interniert werden. Eines Abends tauchte er bei uns auf. Er war entsprungen. Ich wußte, daß seine Mutter im Brahmssaal des Musikvereins war. Ich ging sie holen. Er mußte in die Anstalt zurückgebracht werden. Nach einiger Zeit konnte die Mutter seine Entlassung erreichen. Dann lebte er bei ihr. Er haßte seine Mutter. Als ich einmal fast beiläufig meine Verehrung für sie erwähnte, geriet er außer Rand und Band. »Meine Mutter! Immer meine Mutter!« Er stand in ihrem Schatten. Niemals beklagte sie sich über ihn. Sie trug seinen Haß in liebevoller Größe. Sie trug den Verlust des Freundes, sie trug den Verlust des Gatten, sie trug Schmerzen. Und niemals flackerte ihr Geist. »Die Güte Gottes ist nur in der anderen Dimension begreiflich«, sagte sie einmal.

Von Hofmannsthal und Schalk sprach sie fast nur im Raum der Kunst oder des äußeren Lebens. Bergbesteigungen und abenteuerliche Fahrradreisen durch Italien mit Schalk und Aussprüche Hofmannsthals, aber nichts über die menschlichen Beziehungen. Es war, als wollte sie nicht an innen gelebtes Leben rühren. Die Briefe Rilkes gab sie frei. »Denn er hat immer für die ganze Welt geschrieben.« Die Briefe Hofmannsthals hat sie auf 50 Jahre nach ihrem Tod – also bis zum Jahre 2016 – gesperrt. »Denn Hofmannsthal schrieb für den Empfänger.« Obendrein hat sie verfügt, daß sie nur gleichzeitig mit ihrem Briefwechsel mit Schalk der Öffentlichkeit übergeben werden dürfen. »Die Toten sind wehrlos.« Wer Lili Schalk war, wird man eher sagen können, wenn diese Briefe einmal dasein werden. Dann wird auch ihre Rolle im Schaffen des Dichters offenbar werden.

Im Jahre 1904 lernte sie bei Hofmannsthal den Philosophen Rudolf Kassner kennen, den Friedhelm Kemp den unbekanntesten unter den großen deutschen Schriftstellern nennt. Seine Werke waren und sind tatsächlich nur wenigen zugänglich. Aber im Wien der Zwanziger- und Dreißigerjahre war er eine bekannte Figur. Tagtäglich mühte er sich mit lahmen Beinen auf zwei Stöcken durch die Stadt und abends sah man ihn nicht nur in intellektuellen Kreisen, sondern oft auch auf glänzenden Festen. Er war ein einsamer und zugleich ein Weltmann. Von seinen weiten Reisen richtete er Briefe an Lili Schalk, Briefe, die als Zeugnisse zeitloser Kräfte ebenso bedeutend sind wie als lebendige Reaktionen auf Aktualitäten. So schrieb er am 1. IV. 1907 aus Tunis: »Gott, ich habe viel gesehen und das Gefühl, in allem, was ich gesehen, ein Ganzes zu besitzen. ... nicht zuletzt besitze ich jetzt einen lebendigen Begriff vom Islam, d. h. von einer Religion, die untrennbar das Politische, Soziale mit dem im engeren Sinne Religiösen verbindet und sich darum im Fanatismus... höchst notwendig, zu eigener Selbsterhaltung ausdrückt. Ich möcht gerne wissen wie das aussieht – ein liberaler Islam, von dem einige dumme Franzosen träumen, ein Islam, der den Ungläubigen duldet ohne dadurch an Werth zu verlieren. Die Araber hatten vor der Berührung mit dem Europäer die kostbarsten Parfüms der Welt, ... heute parfümieren sie sich mit dem jämmerlichsten Schund, den Europa versenden kann. Das wende man auf den Islam an!...« Und aus London schrieb er am 19. IX.

1908: »Gestern hatte ich einen Brief von Rilke aus Paris. Sie wissen, wie ich seine Dichtung bewundere, seine Briefe aber sind unangenehm affectiert, ja schon ganz dumm. Thut mir leid. Wenn Sie einmal sehr gut mit ihm sein werden, so sagen Sie es ihm. Oder auch nicht. Solche Sachen sind eigentlich nur bedauernswert u. kaum mehr zu ändern...«

Warum hat Kassner seine Reisebriefe gerade an Lili Schalk gerichtet? Weil er einer geistreichen Antwort gewiß sein konnte? Ich meine, da sind subtilere Kräfte im Spiel. Ich meine, er ist in den Sog ihrer Aufgeschlossenheit geraten, ihrer Neugier. Bis in das hohe Alter war sie von dieser Neugier bewegt. Was immer wo immer geschah, ließ sie aufhorchen. Und sie lokalisierte es in gelassener Sicherheit nach Herkunft und Wirkkraft im Weltgeschehen. Sie stand im Alltag, und sie stand in der Transzendenz. An allem nahm sie teil.

»Die Staatsmänner gehen dauernd auf Reisen und kommen nirgends an«, sagte sie einmal. Und sie schrieb:

»Angst ist kein existenzerschließender Begriff. Sie ist die vollkommene Pervertierung des Wissens um ein nicht Wißbares in ein Endlichkeitsphantom von nie erreichbaren Sicherheiten.« (13. X. 1943)

»Alles, was so geschieht, birgt Heilskräfte, an die zu glauben wir nicht aufhören, an deren unentbehrlichem, unmessbarem Wirken wir teilhaben sollen, bis Besseres aus chaotischem Gewühl sichtbare Form gestaltet.« (8. X. 1945)

»...den Bäumen und Blumen, die... Antwort auf Fragen geben...«

»Merkwürdig, wie festgefahren die Geselligkeitsmaschine allenthalben bleibt. So oft auch eine Gesellschaftsschicht verfällt und eine andere aufrückt, immer wickeln sich die Spulen auf die gleiche Weise schnurrend ab, selbst wenn sie schon längst leer laufen. Dabei sein ist alles, wobei ist gleichgültig.« (25. III. 52)

»Darauf einzig wird es wohl immer wieder ankommen: Den Sinn zu finden, der unter dem Geräusch des Tuns oder der Stille des Denkens liegt und beiden gemeinsam bleibt.

Die fordernden Dinge wird man nicht los, auch nicht den Staub, der aus opaker Luft unablässig in sie dringt und das Dasein verpestet. Stärker ist das Rauschen des Meeres.« (26. VII. 52)

»Nun sind die unermüdlichen Heiligen Drei Könige wieder durch die Welt gewandert und haben ihre schützenden Kreise um Menschen, Tiere und Häuser gezogen... Es gab ihrer angeblich noch einen vierten. Der wollte verkündeter Gewißheit auf eigene Weise begegnen und keine sternerleuchteten Wege der anderen ziehen. So trennte er sich von ihnen. Er wußte zu viel von sich und wollte noch mehr. Er ging in der Wüste verloren. Vermutlich war er der erste Existenzialist.« (8. I. 1954)

»Maeterlincks *Vie des Abeilles* hat uns einst, wie später sein Werk über die Thermiten, lebhaft beschäftigt. Inzwischen mußten wir die höchst zweifelhafte Übertragung dieser Zweckinstinkte auf menschliche Pseudogebilde sehen, und erleben, wie in dem verengenden absoluten Ichkreis, der nur sein eigenes Gesetz anerkennt, die Vernichtung aller individuellen, schöpferischen Werte und der Selbstverantwortlichkeit vor sich geht. Darin unterscheidet sich der Mensch wesenhaft vom Tier, daß dieses in dem gedeiht, was jenen zu Grunde richtet und richten mußte: Dem Fehlen des Transzendentalen.« (8. XII. 1954)

»Diese unseligen Extremisten! Wo immer sie stehen, zertreten sie Erdreich und Frucht und kommen nie vom Fleck.« (26. IX. 1956)

»Kunst ist Religion« d. h. Rückverbundenheit durch das

Sichtbare zum Unsichtbaren der Ewigkeit.« (8. IX. 57)

»Wenn wir beten müssen ›über unseren Glauben hinaus‹, sollten wir auch lieben über unsere Liebe hinaus und können vielleicht nur auf diese Weise etwas von der, wie es heißt, Notwendigkeit des Unmöglichen begreifen.

Aber auf der schiefen Ebene des pseudowirklichen Lebens entgleiten wir solchem Wissen und pochen auf Rechte, wo es nur Visionen gibt.« (25. III. 1957)

»Der Frohe siegt.« (1. XII. 1957)

»Die Engstirnigkeit des Eigensinns führt ins Gestrüpp. Das angeblich behauptete ›eigene Leben‹ wächst dort nicht.« (23. VIII. 58)

»Immer wieder werden Bruchstücke der Wirklichkeit dem Streben zum Ganzen gegenüberstehen, das nur im Opfer sich zeigt.« (Fronleichnam 1962)

Das sind einige Splitter aus ihren Briefen, die durch mehr als zwei Jahrzehnte lang mein Leben bereicherten. Und was sie sagte, was sie schrieb, blieb immer noch zurück hinter dem, was sie war.

*

Im Juli 1936 berief Schuschnigg Dr. Guido Schmidt als Staatssekretär für die Auswärtigen Angelegenheiten in die Regierung, und dieser holte mich als persönlichen Sekretär in sein Kabinett. Zunächst konnten Albin Lennckh und ich uns den Dienst teilen. Als dieser dann nach Prag geschickt wurde, blieb ich allein. »Was ich auf der Bühne aushalte, mußt Du hinter der Bühne aushalten können«, sagte der Chef. Das bedeutete Dienst von 9 Uhr früh bis allermindestens 11 Uhr nachts. Lesen konnte ich nur noch in den Ministerrats-Nächten, wo ich bis 2 Uhr oder 3 Uhr morgens Präsenzdienst hatte. Das heißt, ich mußte dasein, hatte aber für gewöhnlich nichts zu tun.

Das Stückerl Prag kam seltener. Dann nicht mehr. Herbst 1937.

Guido Schmidt und seine Zeit

1947.
Im Gerichtssaal hinter mir brach Heiterkeit aus. Mir war
nicht zum Lachen zumute. Ein leitender Funktionär des
Außenamtes hatte mir gesagt: »Du blöder Bua, paß auf,
was Du sagst. Den Guido Schmidt kannst nicht retten.
Aber Deine Karriere kannst Dir versaun.« Und als ich
mich beim Generalsekretär abmeldete, um zur Zeugenaussage zu gehen, wurde dieser harte Mann feierlich und
sagte: »Baron, ich weiß, daß Sie sagen werden, was Sie
sagen müssen. Gehen Sie mit Gott!« Schon bei der
Aussage vor dem Untersuchungsrichter war die damals
herrschende Stimmung aufgeblitzt. Kaum hatte ich mich
gesetzt, stürmte ohne Anmeldung ein Wiener in englischer
Uniform herein und wollte sich nicht abweisen lassen.
»Guido Schmidt? Ach was, der hängt so oder so!« Als er
endlich gegangen war, schüttelte der Richter den Kopf.
Aber der Engländer aus Wien hatte polternd ausgesprochen, was in weiten Kreisen gedacht wurde. Wie suggestiv
damals das Tamtam: »Guido Schmidt muß hängen!« war,
zeigt, daß einer meiner liebsten und geachtetsten Freunde,
mit dem ich mich über seinen Tod hinweg verbunden
fühle, mir allen Ernstes sagte, es sei egal, ob Schmidt
schuldig sei oder nicht. Es gehe um das Land. Das Land
müsse entsühnt werden. Und ein anderer, freilich ein
Provinz-Macchiavelli, wie sie in turbulenten Zeiten hoch-
gewirbelt und bald wieder fortgespült werden, sagte,
außergewöhnliche Zeiten erforderten eine außergewöhnliche Ethik. Ebenso wie es jetzt Aufgabe der Wienerinnen

sei, uns die Sympathie der Russen zu gewinnen, müsse das Land sich durch die Verurteilung Guido Schmidts reinwaschen. Und er entblödete sich nicht, seine pathetische Tirade mit den Worten abzuschließen: »Es ist besser, daß ein Mann sterbe für das Volk.«

Der letzte österreichische Außenminister vor dem Anschluß, Guido Schmidt, sollte für die Invasion Österreichs durch die Deutsche Wehrmacht und den Anschluß an Deutschland verantwortlich gemacht werden. So sollte verdrängt werden, daß Millionen Österreicher den Anschluß gewollt, mit skrupelloser Entschlossenheit darauf hingearbeitet und schließlich dem Führer zugejubelt hatten. Der österreichische Außenminister stand vor Gericht. Was gab es da zu lachen? Nach der Verhandlung klärte mich ein holländischer Journalist auf. Ich hatte gesagt, daß Schmidt sich im Amt dadurch Feinde gemacht hatte, daß er von seinen Mitarbeitern das Äußerste verlangte und jene, die das nicht leisten konnten oder die er für dumm hielt, hart anpackte. Knapp vor mir hatte sich ein älterer Kollege wegen schlechter Behandlung beklagt und mußte sich vom Angeklagten vorhalten lassen, daß mit ihm nicht zu arbeiten gewesen sei. Die Koinzidenz dieser beiden Aussagen mag für die Zuhörer unterhaltend gewesen sein. Daß Schmidt sich viele Feinde gemacht hatte, war aber damals kein Spaß. Ein Kollege sagte einmal zu N. B. und mir: »Dafür, wie schlecht er mich behandelt hat, habe ich noch gut genug ausgesagt.« Und mit sich zufrieden zottelte er ab. N. B. setzte sein verschmitztes Gesicht auf, was immer ein weltbewegendes Statement erwarten ließ, und verkündete feierlich: »Feine Kriterien für eine Zeugenaussage. Wenn man nicht wüßte, daß er ein Esel ist, möchte man meinen, er sei ein Schwein.«

Das war ein Fall für sich, aber wie viele, die weder Esel noch Schweine waren, hat Guido Schmidt in Ungeduld oder in verspielter Lust seine Überlegenheit fühlen lassen! Er konnte nichts farblos sagen, er sprach in Feuerwerken. Er liebte die Ironie und traf mit leichten Florettstößen. Wer hat das schon gern? So schuf er sich Feinde. Als diese ihn dann anklagten, konnten ihre Kombinationen freilich dem Zeugnis der Akten und der Männer, die Tag für Tag mit Schmidt gearbeitet haben, nicht standhalten. Es mußte zum Freispruch kommen. Bezeichnend ist, daß es in der Urteilsbegründung heißt:

»Dem Gericht ist auch nicht entgangen, daß eine Anzahl von Zeugen dem Angeklagten gegenüber gegnerisch, ja feindselig eingestellt waren, und daß diese ablehnende Haltung – sei es aus persönlichen Gründen, sei es aus politischer Gegnerschaft – offenkundig auf ihre Aussagen abgefärbt hat, und daß wieder andere Zeugen, die durch freundschaftliche oder kollegiale Bande dem Angeklagten nahestanden, ihrer Sympathie für den Angeklagten Ausdruck verliehen.«

»Angesichts dieser Umstände hatte das Gericht umso mehr die Pflicht, jede einzelne Zeugenaussage einer strengen und gewissenhaften Prüfung zu unterziehen, um sie hinsichtlich ihres Wahrheitsgehaltes und ihres Wertes auf das richtige Maß zurückzuführen ...«

»Von ausschlaggebender Bedeutung waren in diesem Prozeß auch die Akten des Auswärtigen Amtes ...«

»Das Gericht hat auch diese Akten einer strengen und genauen Prüfung unterzogen und ist zur Überzeugung gekommen, daß sie in einwandfreier Weise geführt, mit großer Gewissenhaftigkeit und Genauigkeit gearbeitet, ein getreues Bild der in Betracht kommenden politischen und diplomatischen Vorgänge geben ...«

Was ist damals politisch und diplomatisch vorgegangen?

Nach dem Dollfuß-Mord und dem mißglückten Putschversuch wurde Schuschnigg Bundeskanzler. Starhemberg blieb Vizekanzler. Bei der Vaterländischen Front war es umgekehrt. Da war Starhemberg Nummer eins und Schuschnigg Nummer zwei. Diese beiden Männer waren inkompatibel. Starhemberg war ein fescher Draufgänger und Schuschnigg ein gewissenhafter Intellektueller. Diese Verschiedenheit der Temperamente führte zu divergierenden politischen Konzepten. Starhemberg fühlte sich mit seinen Heimwehren und der Rückendeckung durch Mussolini wohl. Schuschnigg blieb, gestützt auf Militär und Milizen, bei der Anlehnung an Italien und der Zusammenarbeit mit Ungarn, machte sich aber Gedanken, wie das auf die Dauer gehen werde. Er wollte daher die Großdeutschen heranziehen. Gleichzeitig betrieb er die Schaffung einer Konvention der mitteleuropäischen Kleinstaaten, deren Grenzen durch alle Großmächte garantiert sein sollten. Beides ging schief.

Im November 1934 bekam Starhemberg Wind von einer Begegnung Schuschniggs mit Bardolff, Glaise-Horsienau, Seyß-Inquart und anderen Nationalen. Er brach uneingeladen in die Besprechung und ließ sie auffliegen.

Im Communiqué über die am 17., 18. und 19. November 1934 in Rom geführten Besprechungen zwischen Schuschnigg und Mussolini hieß es: »...daß die Vereinbarungen zwischen den drei Staaten (Österreich, Italien und Ungarn) keinen ausschließenden Charakter haben und sich auf andere Staaten ausdehnen lassen.« Denn auch Mussolini hätte die Einbindung der Tschechoslowakei in den Dreier-Pakt gerne gesehen. Das Projekt scheiterte daran, daß Ungarn nur um den Preis von Grenzberichtigungen für Verhandlung mit der Tschechoslowakei zu haben gewesen wäre. Am 14. April 1935 sprachen sich Großbritannien, Frankreich und Italien im Schlußkommuniqué der Konferenz von Stresa für die Aufrechterhaltung der österreichischen Unabhängigkeit aus. Aber diese

Solidarität dauerte nicht lange. Denn am 2. Oktober desselben Jahres fiel Mussolini über Äthiopien her. Dies führte zum Bruch mit England und zu den Völkerbundsanktionen gegen Italien. Italien mußte sich umorientieren und wendete sich Deutschland zu. Damit war die Stresafront zusammengebrochen und Österreichs Hoffnung auf entscheidende Hilfe von seiten Italiens auch.

Am 11. Juli 1935 überreichte der deutsche Botschafter von Papen, den Hitler nach dem mißglückten Juli-Putsch nach Wien entstandt hatte, dem Außenminister Berger-Waldenegg einen Entwurf für ein Abkommen als »rein persönliche Studie«. Am 9. September 1935 erklärte Papen, daß er seitens Hitlers ermächtigt sei, auf Grund des persönlichen Elaborats über die Normalisierung der Beziehungen zwischen den beiden Staaten zu verhandeln. Berger nahm diese Erklärung zur Kenntnis und stellte einen Gegenentwurf in Aussicht. Am 1. Oktober 1935 wurde ein österreichischer Gegenentwurf Papen mit einem Begleitschreiben übergeben, in dem der Bundesminister sich bereit erklärte, im Laufe der nächsten Tage in Verhandlungen einzutreten, falls dies seitens der deutschen Reichsregierung gewünscht würde. In der Folge versandeten aber die Verhandlungen, da sich die Beziehungen wieder wesentlich verschlechterten.

Am 7. März 1936 marschierte Hitler gegen den Rat seiner Generäle im Rheinland ein. Daß die Alliierten diese Verletzung des Friedensvertrages hinnahmen, zeigte, daß Hitler tun konnte, was er wollte. Es hatte aber noch eine schwerwiegende Konsequenz: Hitlers gemäßigte Ratgeber waren diskreditiert, und er hörte nur mehr auf die Scharfmacher.

Am 5. Mai 1936 marschierten die Italiener in Addis Abeba ein. Starhemberg schickte dem Duce ein überschwengliches Glückwunschtelegramm, in dem er den

Westmächten Heuchelei vorwarf. Das führte zu einem Protestschritt des britischen und des französischen Gesandten.

Am 14. Mai 1936 bootete Schuschnigg Starhemberg und den Außenminister Berger-Waldenegg aus und übernahm selbst das Außenamt. Die Heimwehren blieben mit dem Innenminister Baar-Baarenfels, der zum Vizekanzler vorrückte, und dem Finanzminister Draxler in der Regierung.

Im Inneren des Landes sah es bedrohlich aus. In einem Bericht des Innenministers Baar vom 4. April 1936 heißt es: »Die von der NSDAP aufgestellten Programmpunkte, vor allem der schrankenlose Nationalsozialismus, der nationale Sozialismus, der Antisemitismus und die Militarisierung des ganzen Volkes haben in den jugendlichen Elementen, deren Überführung in feste Anstellungen durch die herrschende Wirtschaftsnot fast unmöglich wurde, ferner in den Kreisen der Kriegsteilnehmer, bei den Angehörigen des zusammengebrochenen Mittelstandes, bei der großen Masse des kleinen Bürgertums, bei der kleinen Beamtenschaft, der ein Aufstieg infolge der gegebenen Verhältnisse verwehrt ist, und bei den kleinen Gewerbetreibenden, die durch die fortschreitende Industrialisierung schwer geschädigt sind, begeisterte Aufnahme gefunden. Während bei der jugendlichen Intelligenz vor allem der Nationalsozialismus in den Vordergrund gerückt wurde, war es bei den Gewerbetreibenden und anderen Bevölkerungsschichten der Antisemitismus, der sich als besonders zugkräftiger Programmpunkt zeigte; bei den Kriegsteilnehmern, verabschiedeten Offizieren und der kleinen Beamtenschaft war es wieder der Militarismus, der begeisterte Aufnahme fand. ...«

»...Der Umstand, daß es für den überzeugten Nationalsozialisten nur eine Ehre, und zwar die der Partei, und nur eine Bindung, und zwar die der Mitgliedschaft zur Partei, gibt und er deshalb unter Brechung des bisher allgemein gültigen bürgerlichen Ehrenstandpunktes und unter Hintansetzung sonstiger Bindungen (zum Beispiel des Beamteneides) verpflichtet ist, im Sinne der Partei tätig zu sein, macht es erklärlich, daß in fast allen Ämtern und Behörden dienstliche Angelegenheiten an die illegale Bewegung skrupellos verraten werden.«

Bei dieser Sachlage kam Schuschnigg zur Überzeugung, daß Verhandlungen mit Deutschland geboten seien. Anfang Juni 1936 beriet er sich in Rocca delle Caminate mit Mussolini, der ihn darin bestärkte, einen modus vivendi mit Hitler zu suchen. Der italienische Gesandte Salata erschien im Außenamt beim Gesandten Hornbostel und teilte ihm mit, er sei von Mussolini beauftragt, sich dem Bundeskanzler zur Vermittlung eines Übereinkommens mit Deutschland zur Verfügung zu stellen. Schuschnigg beauftragte den politischen Direktor des Außenamtes Hornbostel und den Kabinettsvizedirektor Dr. Guido Schmidt, mit dem ihn von Jugend an eine enge Freundschaft verband, mit den Vorarbeiten für ein Abkommen mit Deutschland. Als Grundlage wurde der seinerzeit unter Berger-Waldenegg überreichte Gegenentwurf benützt. Die innenpolitischen Fragen besprach der Kanzler mit Glaise-Horstenau. Die entscheidenden Gespräche führte er selbst mit Papen. So kam es zum Abkommen vom 11. Juli 1936. Es lautet:

»In der Überzeugung, der europäischen Gesamtentwicklung zur Aufrechterhaltung des Friedens eine wertvolle Förderung zuteil werden zu lassen, wie in dem Glauben, damit am besten den vielgestaltigen wechselseitigen Interessen der beiden deutschen Staaten zu dienen, haben die Regierungen des Deutschen Reiches und des Bundesstaates Österreich beschlossen, ihre Beziehungen wieder normal und freundschaftlich zu gestalten. Aus diesem Anlaß wird erklärt:

1. Im Sinne der Feststellungen des Führers und Reichs-kanzlers vom 21. Mai 1935 anerkennt die deutsche Regie-rung die volle Souveränität des Bundesstaates Österreich.

2. Jede der beiden Regierungen betrachtet die in dem andern Lande bestehende innenpolitische Gestaltung, ein-schließlich der Frage des österreichischen Nationalsozia-lismus, als eine Angelegenheit des andern Landes, auf die sie weder unmittelbar noch mittelbar Einwirkung nehmen wird.

3. Die österreichische Bundesregierung wird ihre Poli-tik im allgemeinen, wie insbesondere gegenüber dem Deutschen Reich, stets auf jener grundsätzlichen Linie halten, die der Tatsache, daß Österreich sich als deutscher Staat bekennt, entspricht. Hierdurch werden die römi-schen Protokolle ex 1934 und deren Zusätze ex 1936 sowie die Stellung Österreichs zu Italien und Ungarn als den Partnern dieser Protokolle nicht berührt.

In der Erwägung, daß die von beiden Seiten gewünschte Entspannung sich nur verwirklichen lassen wird, wenn dazu gewisse Vorbedingungen seitens der Regierungen beider Länder erstellt werden, wird die Reichsregierung sowohl wie die österreichische Bundesregierung in einer Reihe von Einzelmaßnahmen die hierzu notwendigen Voraussetzungen schaffen.«

Die wichtigsten Einzelmaßnahmen waren deutscher-seits die Normalisierung der Wirtschaftsbeziehungen ein-schließlich der Aufhebung der 1000-Mark-Sperre, öster-reichischerseits die Ankündigung einer gewissen Amne-stie für politische Häftlinge sowie die Zulassung einiger deutscher Zeitungen. Ferner erklärte Schuschnigg sich bereit, Persönlichkeiten seines Vertrauens als Vertreter nationaler Kreise zur Mitwirkung an der politischen Verantwortung heranzuziehen. Die Außenpolitik Österreichs sollte unter Bedachtnahme auf die friedlichen Bestrebungen der Außenpolitik des Deutschen Reiches geführt werden.

Gleichzeitig wurde Glaise-Horstenau zum Minister ohne Portefeuille und Schmidt zum Staatssekretär für Auswärtige Angelegenheiten ernannt. Dies brachte ihn in den Ruf, aus deutsch-nationalen Kreisen zu kommen, was nicht der Fall, Schuschnigg aber recht war, weil es Aufgabe des Staatssekretärs war, einen modus vivendi mit Deutschland herzustellen. Entscheidend für die Wahl Schmidts war das persönliche Vertrauen des Bundeskanzlers und seine diesem bekannte, auf weltanschaulicher und politischer Überzeugung fundierte Ablehnung des Nationalsozialismus.

Konnte das Abkommen halten? Haben Schuschnigg und seine Berater sich Illusionen gemacht? Vor allem: Der Bundeskanzler hat sich zu Verhandlungen mit Deutschland entschlossen, weil ihm angesichts der damaligen innen- und außenpolitischen Lage gar nichts anderes übrig blieb. Dazu kam, daß die Westmächte auf Verständigung mit Deutschland eingestellt waren und Hitler damals noch von maßgebender Seite eher positiv beurteilt wurde. Der französische Botschafter in Berlin, André François-Ponçet, hielt ihn für anständig und maßvoll in außenpolitischen Fragen, und der tschechoslowakische Gesandte in London, Jan Masaryk, sagte nach einer Begegnung mit Hitler zu Eden, er halte ihn für einen Fanatiker, aber nicht für unaufrichtig. Dazu kam, daß das Lipsky-Abkommen, das den Frieden zwischen Deutschland und Polen sichern sollte, zu halten schien. So wurde denn das Abkommen vom 11. Juli im Ausland positiv aufgenommen. Frankreich und andere Staaten beglückwünschten den Bundeskanzler.

Und was haben sich Schuschnigg und Schmidt gedacht? Sie waren weitaus skeptischer als die Westpolitiker, aber sie hofften, das Abkommen könnte zwei bis drei Jahre überbrücken. Und die von einer verspäteten Aufrüstung begleiteten Versuche Englands, mit Deutschland ins Gespräch zu kommen, der Beginn einer Aussöhnung zwischen England und Italien sowie seriöse Berichte über Differenzen zwischen der Wehrmacht und der Partei berechtigten zur Hoffnung, daß sich die Lage innerhalb einiger Jahre grundlegend ändern könnte. Zunächst schien das Abkommen auch tatsächlich zu funktionieren. Die Handelsbeziehungen mit Deutschland und der Touristenverkehr erfuhren eine Belebung. Die illegale Landesleitung der österreichischen NSDAP in München wurde aufgelöst. Es gab ruhigere Monate.

Mit ungeheurer Dynamik ging Schmidt daran, diese Zeit zu nützen. Sein im Einvernehmen mit Schuschnigg und Hornbostel verfolgtes Konzept war: Deutschland keinen Vorwand zu einem Gewaltstreich gegen Österreich zu geben, Österreich aber aus dem Kielwasser der deutschen Außenpolitik herauszuhalten und ein möglichst weitgehendes Engagement der Westmächte für die österreichische Unabhängigkeit zu erreichen. Die Ablehnung, aus dem Völkerbund auszutreten und dem Antikomintern-Pakt beizutreten, zeigt, daß Österreich eine unabhängige Außenpolitik geführt hat. Die Akten des Außenamtes illustrieren die zur Sicherheit der österreichischen Unabhängigkeit geführte Aktivität.

Als Sekretär des Staatssekretärs war ich natürlich nur ein Handlanger, aber ich war mitten drin und konnte, wenn auch nicht alles, so doch vieles sehen, hören und lesen. Ich war von Schmidts mit *souplesse* gepaarter Energie fasziniert. Daß diese seinen Mitarbeitern das Leben nicht leicht machte, ist evident. »Soll schon da sein!« hieß es, so oft er etwas verlangte. Und als ich ihm einmal meldete, ein Beamter, den er spät abends rufen ließ, sei nicht daheim und niemand wisse, wo er sei, herrschte er mich an: »Du hast ihn stellig zu machen und frag mich nicht wie.« Ich habe ihn gefunden. Solche Kunststücke machten ihn sonnig, aber wehe, wenn es schiefging. Als ich einmal beteuerte, ich sei an einer Panne unschuldig, explodierte er: »Mir ist egal, wer schuld ist. Einer ist schuld und Dich habe ich bei der Hand.« Dann lachten wir beide. Seine Forderung, nichts Unvollkommenes aus der Hand zu geben, lastete schwer auf mir. Denn ich hatte seine Privatkorrespondenz zu erledigen, und niemals sagte er, wie. Viel Kummer brachte mir sein Blinddarm. Denn als er sich von ihm trennen mußte, erhielt ich Stöße um Stöße von Beileidschreiben und dazu kein Wort. Was für Briefe! Da war ein Billett der schönen und jungen Gattin eines in Österreich akkreditierten Gesandten: »Diese Rosen, blühend wie ihr Geist, glühend wie meine Liebe und dunkel wie Ihre Seele, als Trost für den verlorenen Blinddarm.« Ich habe mich aus der Affaire gezogen, scheiterte aber dann am Blinddarm des Bürgermeisters der Stadt Wien, der bald danach unter das Messer kam. Da sollte ich einen Trostbrief schreiben. Mein erster, vielleicht wirklich zu sachlicher Entwurf, kam zurück; der zweite, in den ich meine ganze Empfindungskraft hineingelegt hatte, auch; und der dritte hatte wieder kein Glück. Dann diktierte der Chef den Brief selber: »Betrachte diese Tage erzwungener Bettruhe als ein wohltuendes *ritardando* im hektischen Rhythmus Deines Lebens.« Schmidt war ein Meister des Stils. Und nicht nur auf der Blinddarmebene, sondern vor allem im diplomatischen Verkehr. Da konnte er alle Register ziehen. Humor, Ironie, Vehemenz. Und wer dies alles zu spüren bekam, war der damalige deutsche Botschafter in Österreich, von Papen.

Auf der Fahrt zum Besuch des Staatssekretärs in Berlin (19.–21. 11. 1936) wurde auf der deutschen Strecke ein Salonwagen beigestellt, in dem das Frühstück serviert wurde. In gelöster Stimmung erzählte Schmidt, eine gute Fee habe Hitler, Eden und Glaise-Horstenau je einen Wunsch freigestellt. Hitler wollte die Herrschaft über alle Länder, Eden die Herrschaft über alle Meere, Glaise-Horstenau suchte in allen Taschen und sagte dann ganz betreten: »Jesus Maria, jetzt habe ich den Zettel vom Papen verloren.« So gab Schmidt dem Botschafter zu verstehen, daß ihm dessen Einflußnahme auf Glaise-Horstenau bekannt war. Schon weniger sanft replizierte er ihm bei einer Aussprache mit Göring, bei der nur noch ich anwesend war. Der deutsche Botschafter beschwerte sich über angebliche Mängel in der Durchführung des Abkommens vom 11. Juli 1936 und speziell darüber, daß die in Österreich zugelassenen deutschen Zeitungen keinen Absatz fänden. Schmidt antwortete ihm: »Wenn Sie sagen könnten, daß wir Ihre Zeitungen nicht hereinlassen, so wäre das ein Beschwerdepunkt. Aber für ihren Absatz brauchen wir nicht zu sorgen. Oder wollen Sie, daß ich mich an die Sirk-Ecke stelle und Ihre Blätter ausrufe?« Papen reagierte säuerlich, aber Göring hielt sich den Bauch vor Lachen.

Damals begegnete uns der Reichsmarschall in seinem ganzen bombastischen Pomp und doch auch mit einer gewissen *bonhomie*. Natürlich zeigte er auch seine Pranken. In seinem Arbeitszimmer war die ganze Wand gegenüber dem Schreibtisch mit einer Karte des Deutschen Reiches bedeckt. Mit eiserner Stimme erklärte er dazu: »Wenn ich auf diesen Knopf drücke, so leuchten auf der Karte die Standorte der Jagdgeschwader auf, wenn ich auf diesen Knopf drücke, so sind es die Bombengeschwader« – Pause und dann crescendo – »und wenn ich auf diesen

Knopf drücke, so steigen zahllose Maschinen auf und jeder Pilot weiß, wohin.« Mein Kollege Wildmann flüsterte mir zu: »Was meinst Du, wie lange wird er sich beherrschen können?« Und derselbe Wildmann sagte dann, als der »Wamperte« sich uns später in der ganzen Pracht seiner weißen, sternenbesäten Uniform zeigte: »Du, den könnte man, wie er ist, auf den Christbaum hängen.«

Mir fiel es nicht leicht, Göring einzureihen. Der dominierende Eindruck dieser Reise war, daß die Partei dem Reich wie ein Kobold auf dem Nacken saß, eins waren sie aber nicht. Diplomatie und Wehrmacht waren von der Partei dominiert, aber distanzierten sich von ihr. Der dem Staatssekretär zur persönlichen Dienstleistung zugeteilte Herr des Auswärtigen Amtes tat dies mir gegenüber mit erstaunlicher Offenheit. Wohin gehörte nun Göring? Natürlich zur Partei! Und doch hätte er in mancher Beziehung auch zur Wehrmacht gepaßt.

Auch Hitler empfing uns mit der Gemütlichkeit eines guten Onkels vom Land. Die Aussprache mit dem Staatssekretär fand dann unter vier Augen statt, und erst später erfuhr ich, daß Hitler sich ihm gegenüber durchaus friedfertig gezeigt habe. Er unterstrich die Möglichkeit eines Nebeneinander zwischen dem österreichischen und dem deutschen Wesen, und als der Staatssekretär den Verzicht auf Gewaltanwendung verlangte, erklärte Hitler spontan und ehrenwörtlich, daß er vom Putschversuch des 25. Juli 1934 nicht im voraus informiert gewesen sei.

Goebbels war verreist. Bei einem Mittagessen bei Göring begegneten wir aber Himmler und Heydrich. Dieser war mein Tischnachbar, erwähnte, er sei als Katholik geboren worden und kritisierte – eben weil er sie kenne – die katholische Jugenderziehung. Als Benediktinerschüler ließ ich mir das nicht bieten, und über gratinierte Austern und einen dunkelbraunen Rheinwein, von dem es angeblich im ganzen Reich nur ein Faß gab, wechselten wir scharfe Worte. Beim Braten schimpfte Heydrich auf die Wiener Juden, was ich mir gleichfalls nicht gefallen ließ. Er war sichtlich verärgert, ließ sich aber dennoch nach dem Essen mit mir photographieren.

Nach Kriegsende fragte mich unser erster Vertreter in Deutschland, Dr. Josef Schöner: »Sag, was hast Du denn bei dem Guido Schmidt-Besuch in Berlin bei einem Herrenessen bei Göring mit dem Heydrich geredet?« – »Wieso weißt Du, daß ich mit ihm geredet habe?« – »Er hat Dir die Ehre erwiesen, einen Aktenvermerk über Euer Gespräch anzulegen, und wäre der nicht im Archiv vergraben geblieben, so wärst Du jetzt nicht mehr da.« Dies hatte ihm ein Gewährsmann erzählt, der seinerzeit als Agent oppositioneller Kreise in die Gestapo eingeschleust worden war und den Aktenvermerk verschwinden ließ.

Eines Abends gingen wir durch den Tiergarten, denn Schmidt liebte es, nach beendetem Tagwerk noch etwas Luft zu schnappen. Vorweg Gestapo, dann der Chef mit dem Gesandten Hoffinger, dann Wildmann und ich und schließlich wieder Gestapo. Da kam uns ein Betrunkener entgegen und schrie aus vollem Hals: »Herr Hitler – Götz-Zitat! Herr Göring – Götz-Zitat! Herr Goebbels – Götz-Zitat!« Und so immer weiter, wie eine Litanei, wobei das Zitat Wort für Wort ausgesprochen wurde. Wir waren gespannt, was passieren würde und ließen unsere Begleiter vorne und hinten nicht aus den Augen. Nichts. Man wollte uns offenbar die Großzügigkeit des Regimes zeigen.

Während dieser Besuch in Berlin einen vorsichtigen Optimismus hinsichtlich der Tragfähigkeit des Juliabkommens für die nächste Zeit zu rechtfertigen schien, war der Gegenbesuch Neuraths in Wien (Jänner 1937) alarmierend. Auf der Fahrt vom Bahnhof ins Hotel Imperial kam es zu Nazidemonstrationen, die vom deutschen Militärattaché in Wien, Generalleutnant Muff, dadurch provoziert wurden, daß er mit zum Hitlergruß erhobener Hand an der Spitze des Zuges fuhr. Schmidt stellte ihn wegen dieser Taktlosigkeit sofort zur Rede, ersuchte den Bundeskanzler, eine österreichische Gegenkundgebung zu veranlassen, und gab sogleich selber die Anweisungen dafür. Dieser Zwischenfall illustriert die Atmosphäre, in der der Besuch stattfand. Neurath brachte im Laufe der Gespräche auch die Habsburgerfrage vor und ließ keinen Zweifel offen, daß die Rückkehr des Thronfolgers für Deutschland einen casus belli bedeuten würde.

Schwer beunruhigend war dann die Begegnung Schuschniggs mit Mussolini in Venedig (22. und 23. April 1937). Mussolini riet dem Kanzler, sich in keine Kombinationen gegen Deutschland einzulassen und erklärte, er wäre im Augenblick nicht in der Lage, Österreich beizustehen. Der italienische Außenminister und Schwiegersohn Mussolinis, Ciano, empfahl dem Staatssekretär, bei dessen bevorstehender Reise zu den Krönungsfeierlichkeiten in London darauf zu achten, Deutschland nicht zu provozieren. Propagandaminister Alfieri und der politische Generaldirektor im italienischen Außenamt Butti ließen sogar erkennen, daß Italien an einem Pufferstaat gegenüber Deutschland nicht mehr interessiert sei. Mehr noch! Ciano überreichte dem Staatssekretär ein Memorandum der österreichischen Nazis, in dem diese den Eintritt in die Regierung verlangten. Mussolini verließ seine Gäste, um ein deutsches KdF-Schiff zu besuchen, und reiste vor den Österreichern ab. Und auf der Heimreise erhielten diese Kenntnis von einem Artikel des prominenten italienischen Journalisten Gayda, demzufolge der Kanzler gezwungen worden sei, die Nazis in die vaterländische Front und in die Regierung aufzunehmen. Der Fall war klar: Italien hatte Österreich aufgegeben.

Und wie stand es um die Bemühungen Schuschniggs und Schmidts, Unterstützung von anderer Seite zu sichern? Gute Beziehungen bestanden mit der Tschechoslowakei. Die österreichischen Versuche, eine Annäherung der Tschechoslowakei an Ungarn und damit an die Römerprotokolle-Staaten herbeizuführen, scheiterte aber an den ungarischen Revisionsansprüchen gegen die Tschechoslowakei. So blieb es zwischen Österreich und der Tschechoslowakei bei bilateralen Kontakten. Beneš und Hodza rieten zu Vorsicht. Nur Hitler keinen Vorwand für einen Gewaltstreich geben! Mit Jugoslawien in ein besseres Verhältnis zu kommen, schien aussichtslos. Denn Belgrad segelte im deutschen Kielwasser, worüber sich auch Prag im klaren war. Polen wollte um jeden Preis den Frieden mit Deutschland erhalten. Ja, es hatte den Anschein, als hätte der polnische Außenminister Beck gegen eine Ablenkung der deutschen Stoßkraft nach Süden nichts gehabt. Zeit gewinnen!

Englands Einstellung war nicht eindeutig erkennbar. Im Oktober 1935 war es zu einer Verstimmung gekommen, weil der österreichische Vertreter im Völkerbund mit demonstrativer Vehemenz gegen die wegen des Überfalls auf Abessinien beantragten Sanktionen gegen Italien aufgetreten war. Dann wieder standen gewissen Sympathiekundgebungen recht beunruhigende Äußerungen britischer Diplomaten gegenüber. So hatte der britische Botschafter in Berlin, Neville Henderson, zum österreichischen Gesandten Tauschitz gesagt: »Sie sind doch Deutsche. Die Deutschen gehören zusammen.« Und der österreichische Gesandte in Belgrad, Wimmer, hatte von Salisbury gehört: »Was wollen Sie allein? Warum machen Sie nicht den Anschluß?«

Schmidt wollte nun anläßlich der Krönungsfeierlichkeiten in London (Mai 1937) die britische Regierung auf ihre Einstellung gegenüber Österreich sondieren, sie über unsere Lage informieren und Interesse für uns wecken. Daß England eine Verständigung mit Deutschland suchte, war bekannt. Und in London hörte Schmidt es auch von Premierminister Chamberlain. In mehreren Besprechungen mit Außenminister Eden und dem ständigen Staatssekretär im Foreign Office, Vansittart, konnte er die Zusicherung erhalten, daß, wenn es zu einem Viermächte-Pakt zwischen England, Frankreich, Deutschland und Italien kommen sollte, eine Verpflichtung Deutschlands zur Respektierung der Unabhängigkeit Österreichs eingebaut werden würde. Der österreichische Gesandte in London, Frankenstein, berichtete damals, dies sei das absolute Maximum des Erreichbaren gewesen.

Anschließend an den Besuch in London folgte Schmidt einer offiziellen Einladung nach Paris, wo ihm ein besonders herzlicher Empfang bereitet wurde (Mai 1937). In einer umfassenden Aussprache äußerte der französische Außenminister Delbos die Überzeugung, daß die Sicherung der österreichischen Unabhängigkeit nur im Zuge einer Einigung mit Deutschland möglich sei. Sachlich stimmte die Haltung der Westmächte also überein. Auch in Paris wurde dem Staatssekretär größte Sympathie für Österreich und Interesse an der Erhaltung seiner Unabhängigkeit versichert, jedoch mit der Einschränkung, daß die Möglichkeit einer Garantie nicht gegeben sei. Die Westmächte stimmten auch in dem Rat überein, Österreich dürfe Hitler nicht reizen. Daraus ergab sich die Notwendigkeit, diese diplomatischen Kontakte möglichst geräuschlos abzuwickeln. Aber allein schon die freundschaftliche Atmosphäre und die außergewöhnlich gute Presse, die den Pariser Besuch des Staatssekretärs kennzeichneten, führten zu kritischen Kommentaren in den deutschen Zeitungen und zu Spekulationen über einen Zusammenhang mit der Begegnung Schuschniggs mit Mussolini in Venedig. Dazu bemerkte die Neue Freie Presse am 18. Mai 1937, »daß der Besuch im Zusammenhang mit den Londoner Krönungsfeierlichkeiten schon seit Monaten feststand und daher nicht in ursächliche Beziehung mit der Begegnung in Venedig gebracht werden könne. Auch sei der Pariser Aufenthalt nicht für sich allein zu betrachten, sondern müsse in Verbindung mit den zahlreichen anderen Begegnungen österreichischer Staatsmänner gewertet werden, die alle den Zweck verfolgten, Hindernisse aus dem Weg zu räumen, die der von Österreich angestrebten Befriedung entgegenstehen könnten. Bei dem Gedankenaustausch mit Eden und der bereits in London erfolgten Fühlungnahme mit Delbos seien von keiner Seite irgendwelche Wünsche politischer, wirtschaftlicher oder finanzieller Natur vorgebracht worden. Aus den Londoner Besprechungen sei klar hervorgegangen, daß Österreich jede Beteiligung an einer Blockpolitik ablehne, daß es mithin nicht ein Glied innerhalb der Achse Rom – Berlin bilde und bilden wolle. Die Beziehungen zu Italien beruhten auf den Römer Protokollen, jene zu Deutschland auf dem Abkommen vom 11. Juli 1936, beides Abreden, die schon rein zeitlich der Berchtesgadener Achsenkonstruktion vorangingen. Die Römer Protokolle und das Abkommen mit Deutschland geben die feste Grundlage der österreichischen Politik ab, was jedoch nicht ausschließe, daß Österreich ebenso die Möglichkeit wie das Interesse habe, daneben freundschaftliche Beziehungen zu allen Völkern, namentlich zu den Nachbarstaaten und den westlichen Großmächten, zu pflegen.«

Auch Italien sah die Fühlungnahme mit den Westmächten nicht gerne. Ein unvorhersehbarer Zwischenfall führte in der Folge sogar zu einer ernsten Verstimmung. Während der Genfer Völkerbundtagung im Herbst 1937 kam es auf Anregung Hornbostels zu einer Begegnung zwischen Vansittart, Schmidt und ihm selbst. Am weißen Tisch zeigte Schmidt die Gefahr auf, die sich aus der britisch-italienischen Entfremdung und der Anlehnung Mussolinis an Hitler für Österreich ergebe, und unterstrich das österreichische Interesse an einer Annäherung zwischen England und Italien. Dabei kritisierte er die Achsenpolitik des Duce. Vansittart berichtete darüber an Eden, und das in einem Panzerschrank des Foreign Office verwahrte, streng geheime Papier kam in die Hände Mussolinis. Dieser schickte darauf den Kabinettschef Cianos, Anfuso, mit einer Photokopie des Berichtes zu Schuschnigg und verlangte die Absetzung des zu stark nach Westen orientierten Staatssekretärs. Schuschnigg blieb fest und aus Sorge, durch Ausweitung der Angelegenheit die Londoner Quelle zu verschütten, gaben sich die Italiener mit der Erklärung zufrieden, es handle sich um sprachliche Mißverständnisse. Bei seiner nächsten Begegnung mit Schuschnigg bezeichnete Ciano das Vorgehen Mussolinis als Vertrauensbeweis für den Bundeskanzler, denn sonst wisse niemand von der Angelegenheit. So ging der Bericht, der die Italiener laut Ciano »etliche Millionen Goldlire« gekostet hatte, in einem Panzerschrank des italienischen Außenministeriums ad acta. Oder wurde er vielleicht an Deutschland weiterverkauft? Dies würde durchaus in der Linie der Abfallverwertung der Geheimdienste liegen, ist aber dennoch unwahrscheinlich, weil Italien zu sehr an der Wahrung seiner Verbindung im Foreign Office interessiert gewesen sein mußte. Eine absolute Sicherheit der Geheimhaltung hat es nie gegeben und wird es nie geben. Noch erstaunlicher als der Spionagefall an sich ist daher die Plumpheit des italienischen Vorgehens.

Die Verärgerung der deutschen Presse wegen des Pariser Besuches des Staatssekretärs und die Irritation Roms über seine Aussprache mit Vansittart illustrieren die Problematik der damaligen österreichischen Außenpolitik. Sie sollte alles vermeiden, was Deutschland reizen könnte, und gleichzeitig die Westmächte zu einem Engagement für die österreichische Unabhängigkeit bringen. Denn es war klar, daß das Juliabkommen nur ein Waffenstillstand und eine effektive Hilfe von seiten Italiens nicht mehr zu erwarten war.

Im September 1937 ließ der französische Außenminister Delbos nach einer Rundreise durch Mitteleuropa dem Staatssekretär sagen, daß eine europäische Solidarität im Falle eines deutschen Angriffes auf Österreich nicht zu erwarten sei. Alle hatten Angst. Und es geschah, was oft geschieht, wenn man nicht das Zeug hat, sich dem Unrecht zu widersetzen: man versucht, es zu rechtfertigen. Neville Henderson äußerte sich zu Schmidt in gleicher Weise wie zu Tauschitz: »Ich begreife nicht, was Sie wollen. Sie sind doch Deutsche!« Und der jugoslawische Regierungschef Stojadinovič sagte zu Hitler, er betrachte alle Probleme Österreichs als eine innere Angelegenheit Deutschlands. Jugoslawien werde sich niemals dagegenstellen, daß die Söhne eines Volkes sich zusammenschlössen.

Diesen Zeugnissen hilfloser Schwäche stand nur die Hoffnung auf Wiederherstellung des europäischen Gleichgewichtes durch die verspätet, aber gewaltig anlaufende englische Aufrüstung gegenüber. Also: Zeit gewinnen!

Schuschnigg hatte »den Eindruck, daß mit Göring immer noch am leichtesten zu reden sei«. So wurde Schmidt beauftragt, mit dem Reichsmarschall Fühlung zu nehmen. Das führte zu einer Korrespondenz und im

September 1937 zu einem Besuch Schmidts in Karin Hall, dem im November 1937 eine Begegnung anläßlich der Berliner Jagdausstellung folgte. Damals hatte es den Anschein, daß Göring zunächst noch für den modus vivendi im Sinne des Juliabkommens sei. Dem amerikanischen Botschafter Bullet sagte er, der Anschluß sei wohl sein Endziel, aber er dränge nicht. Im Schriftwechsel mit Schmidt trat Göring für Fortschritte in der Zusammenarbeit auf außenpolitischem, militärischem und wirtschaftlichem Gebiet ein mit dem Fernziel eines Militärbündnisses und einer Zoll- und Währungsunion. Hierbei brauche die österreichische Unabhängigkeit nicht zur Debatte zu stehen. Im innenpolitischen Bereich polemisierte Göring gegen die Behandlung der Nazis in Österreich. Der Gang der schriftlichen und mündlichen Auseinandersetzung zeigt, daß Schmidt unverrückbar am österreichischen Standpunkt festhielt. Göring sagte eine Jagdeinladung nach Österreich ab, weil er nicht mit leeren Händen heimkommen wollte. Einen seiner Briefe an Schmidt beendete Göring mit dem Satz: »Aber alles das (die sachlichen Differenzen) darf nicht der persönlichen besonderen Wertschätzung Abbruch tun.«

Diese Wertschätzung datierte schon von der ersten Begegnung der beiden Männer bei den Budapester Begräbnisfeierlichkeiten für Gömbös. Wie oft es zu spontanen Sympathien und Antipathien kommt, hat jeder erlebt. Worauf sie beruhen, wurde zum Gegenstand psychologischer Untersuchungen. Viel kam dabei nicht heraus. Über die Einstellung Görings zu Schmidt läßt sich aber einiges konkret aussagen. Meiner persönlichen Wahrnehmung nach hat der junge Staatssekretär dem Reichsmarschall imponiert. Umgeben von Robotern, die in zackiger Habt-Acht-Haltung seine Befehle empfingen, gewohnt, von ehrfürchtig schlotternden österreichischen Nazis angehimmelt zu werden, war ihm die Begegnung mit diesem Mann, der sich mit ihm auf eine Ebene stellte, etwas Neues. Und daß er ihm widersprach und – aus deutscher Sicht– auf verlorenem Posten hartnäckig kämpfte, gewann ihm die Achtung des Offiziers. Einen Verräter hätte Göring verachtet. Dazu kam, daß Schmidt bald erkannte, daß Göring Humor hatte. Und das gab ihm Chancen. Als Jagdgast des Reichsmarschalls hatte er einen Hirsch namens Hermann erlegt. Als dies Göring gemeldet wurde, sagte er: »Was? Sie haben mich zur Strecke gebracht!« ... »Ich wollte, es wäre soweit.« ... »Höflich sind Sie gerade nicht.«

Die von Göring formulierten Vorstellungen sowie Taktlosigkeiten gegenüber Schmidt und einer österreichischen Industriellendelegation waren aber sachlich beunruhigend. Dazu kam, daß sich die innenpolitische Lage im Laufe des Jahres 1937 zuspitzte. Die illegalen Nazis wurden immer präpotenter, und es war offenkundig, daß sie von Deutschland unterstützt wurden. Da versuchte Schuschnigg, Differenzen innerhalb der illegalen NSDAP auszunützen. Seyß-Inquart hatte sich vom Landesleiter der Partei Hauptmann Leopold und dem Wiener Gauleiter Dr. Franz Tavs distanziert und bot seine loyale Zusammenarbeit an. Seine Vorschläge waren im wesentlichen:

1. Legalisierung der Illegalen im Rahmen der vaterländischen Front unter Verzicht auf die Bildung einer eigenen Partei.

2. Versuch, Deutschland zu bewegen, jede Einflußnahme auf die österreichischen Nazis aufzugeben, wozu es ohnehin laut Juliabkommen verpflichtet war.

3. Verzicht auf jede Anschlußpropaganda mit Rücksicht auf die gegebene außenpolitische Lage.

Um Seyß-Inquarts Loslösung von der radikalen Gruppe zu fördern, machte Schuschnigg ihn im Juli 1937 zum

Staatsrat. Tatsächlich schien sein Gegensatz zu Leopold und Tavs sich auch zu verschärfen, ja er riet Schuschnigg sogar, gegen diese illegale Parteileitung, die unbehelligt in der Teinfaltstraße amtierte, einzuschreiten. Aber Schuschnigg wollte Hitler nicht provozieren, und die Polizei stand auf dem Standpunkt, es sei besser, den Leitungsapparat beobachten zu können. Tatsächlich ermöglichte dies ihr auch, in einem kritischen Moment schlagartig zuzugreifen. Bei einer Hausdurchsuchung wurde bei Tavs ein Plan gefunden, der durch Provozierung von Unruhen Hitler den Vorwand geben sollte, in Österreich einzumarschieren. Leopold und Tavs wurden verhaftet. Die Einzelheiten des Planes wurden nicht publiziert. Es soll beabsichtigt gewesen sein, durch Ermordung des deutschen Militärattachées, Generalleutnant Muff, Empörung in Deutschland hervorzurufen. Durch das Eingreifen von Freunden Muffs soll dann Papen als Opfer ausersehen worden sein.

Daß Hitler einen Vorwand für einen Gewaltstreich suchte, zeigte sich immer deutlicher. In der Presse und auf diplomatischem Wege wurden die Beschwerden über angebliche Verletzungen des Juliabkommens durch Österreich immer vehementer. Auch Reichsaußenminister Neurath äußerte gegenüber dem österreichischen Gesandten in Berlin, Tauschitz, seine Unzufriedenheit mit der Entwicklung und erklärte, es müsse zu einer Lösung kommen. Schuschnigg und Schmidt dachten an einen Meinungsaustausch durch gegenseitige Memoranden, und Schuschnigg sprach in diesem Sinne mit Papen. Nach Rücksprache mit Hitler brachte dieser aber die Anregung zu einer persönlichen Aussprache. In internen Beratungen, zu denen der Generalsekretär der vaterländischen Front, Zernatto, zugezogen wurde, erklärte sich Schuschnigg grundsätzlich zu einer Begegnung bereit. Damals,

Ende Jänner 1938, lag aber noch keine konkrete Einladung Hitlers vor.

Am 4. Februar 1938 führte Hitler ein drastisches Revirement in Diplomatie und Wehrmacht durch. Reichsaußenminister Neurath wurde durch Ribbentrop ersetzt, die Botschafter in Wien, Rom und Tokio wurden abberufen und 30 Generäle wurden ausgewechselt. Wütend über diesen Affront mußte Papen knall und fall abreisen, kehrte aber am 8. Februar in einer Sondermission zurück. Er brachte Schuschnigg die offizielle Einladung Hitlers, die der Bundeskanzler unter gewissen Voraussetzungen annahm. Er selbst, Schmidt und Hornbostel waren sich der Risiken einer solchen Begegnung bewußt, aber auch der Unmöglichkeit, sie abzulehnen. Dies hätte Hitler den Vorwand gegeben, den er suchte: Den Vorwand zu handeln, anstatt zu reden. Schuschnigg setzte sich mit Mussolini in Verbindung, der die Annahme der Einladung befürwortete. Schmidt informierte den britischen, französischen und italienischen Gesandten und forderte von Papen die seitens Schuschniggs verlangten Garantien: Festlegung der Gesprächsthemen, Vorauseinigung über ein Schlußkommuniqué und die Zusicherung, daß das Abkommen vom 11. Juli (Anerkennung der österreichischen Souveränität und Nichteinmischung) unverändert inkraft bleiben werde. Erst nachdem Papen dies im Auftrag Hitlers zugesagt hatte, nahm Schuschnigg die Einladung an. Er beauftragte Schmidt mit der Zusammenstellung einer Beschwerdeliste wegen der deutschen Verletzungen des Juliabkommens. Zernatto sollte mit Seyß-Inquart ein Papier über dessen zukünftige Mitarbeit in der vaterländischen Front ausarbeiten. Hier ging es um innenpolitische Fragen, für die Schmidt nicht zuständig war. Auch war ihm klar, daß Schuschnigg Zugeständnisse machen müsse, um zu einer Verständigung zu kommen.

Dennoch äußerte er ernste Bedenken gegen die Öffnung der vaterländischen Front zu den Nationalsozialisten. Die von Zernatto und Seyß-Inquart ausgearbeiteten sogenannten Punktationen erhielten er und Hornbostel knapp vor der Abreise nach Berchtesgaden. Beide waren entsetzt. Tatsächlich dienten sie als Grundlage für das Papier mit den ultimativen Forderungen Hitlers, das der deutsche Staatssekretär Keppler ausarbeitete. Seyß-Inquart stand mit ihm in Verbindung! Schuschnigg und Schmidt fuhren mit einem Nachtzug nach Salzburg und von dort in Schusschniggs Dienstwagen weiter. An der Grenze erwartete sie Papen und erwähnte beiläufig, es seien noch drei Generäle am Berghof: der Chef des Oberkommandos der Wehrmacht Keitel, der General der Artillerie von Reichenau und der General der Flieger Sperrle. Flankiert von diesen Generälen begrüßte Hitler seine Gäste. Kaum hatte er sich mit dem Bundeskanzler zurückgezogen, überschüttete er ihn mit wüsten Vorwürfen. Schuschnigg hat diese Wutausbrüche aus dem Gedächtnis festgehalten:

Hitler: »So, das nennen Sie eine deutsche Politik, Herr Schuschnigg? Sie haben im Gegenteil alles dazu getan, um eine deutsche Politik zu vermeiden. Sie sind zum Beispiel ruhig im Völkerbund geblieben, obwohl das Reich austrat. Und das nennen Sie deutsche Politik? ... Das ist ganz selbstverständlich, daß Sie auszutreten hatten. Übrigens hat Österreich überhaupt nie etwas getan, was dem Deutschen Reich genützt hat. Seine ganze Geschichte ist ein ununterbrochener Volksverrat. Das war früher nicht anders wie heute. Aber dieser geschichtliche Widersinn muß endlich sein längst fälliges Ende finden. Und das sage ich Ihnen, Herr Schuschnigg: ich bin fest dazu entschlossen, mit dem allem ein Ende zu machen. Das Deutsche Reich ist eine Großmacht, und es kann und wird ihm niemand dreinreden wollen, wenn es an seinen Grenzen Ordnung macht ... Von Österreich aus bekam jede nationale Regung seit je nur Prügel zwischen die Füße; das war ja auch die Haupttätigkeit der Habsburger und der katholischen Kirche ... Ich kann Ihnen nur nochmals sagen, daß es so nicht weitergeht. Ich habe einen geschichtlichen Auftrag, und den werde ich erfüllen, weil mich die Vorsehung dazu bestimmt hat. Ich bin felsenfest davon durchdrungen und glaube daran. ... Mir war meine Aufgabe vorgezeichnet; ich bin den schwersten Weg gegangen, den je ein Deutscher gehen mußte, und ich habe in der deutschen Geschichte das Größte geleistet, was je einem Deutschen zu leisten bestimmt war ... Versuchen Sie es doch einmal, und machen Sie eine freie Volksabstimmung in Österreich, in der Sie und ich gegeneinander kandidieren; dann werden Sie sehen! ... Ich sage Ihnen, ich werde die ganze sogenannte österreichische Frage lösen, und zwar so oder so! ... Ich brauche nur einen Befehl zu geben, und über Nacht ist der ganze lächerliche Spuk an der Grenze zerstoben. Sie werden doch nicht glauben, daß Sie mich auch nur eine halbe Stunde aufhalten können? Wer weiß – vielleicht bin ich über Nacht auf einmal in Wien; wie der Frühlingssturm! Dann sollen Sie etwas erleben! Ich möchte es den Österreichern gerne ersparen; das wird viel Opfer kosten; nach den Truppen kommt dann die SA und die Legion; und niemand wird die Rache hindern können, auch ich nicht! ... Glauben Sie nur nicht, daß mich irgend jemand in der Welt in meinen Entschlüssen hindern wird! Italien? – Mit Mussolini bin ich im reinen; ich bin mit Italien aufs engste befreundet. England? – England wird keinen Finger für Österreich rühren ... Und Frankreich? – Ja, vor zwei Jahren noch ... Aber jetzt ist es für Frankreich zu spät! ... Ich will Ihnen jetzt noch einmal, zum letztenmal, die Gelegenheit geben, Herr Schuschnigg. Entweder wir kommen zu einer Lösung, oder die

Dinge sollen laufen; wir werden dann ja sehen, wie das werden wird. Am nächsten Sonntag trete ich vor die deutsche Nation; bei meiner Rede vor dem Reichstag muß das deutsche Volk wissen, wie es dran ist. Überlegen Sie es sich gut, Herr Schuschnigg; – ich habe nur mehr Zeit bis heute Nachmittag. Wenn ich Ihnen das sage, dann tun sie gut daran, mich wörtlich zu nehmen. Ich bluffe nicht. Meine ganze Vergangenheit beweist dies zur Genüge. Ich habe noch alles erreicht, was ich wollte, und bin vielleicht dadurch zum größten Deutschen der Geschichte geworden...«

Auf Schuschniggs Bitte, konkrete Wünsche zu nennen, antwortete Hitler, darüber könne am Nachmittag gesprochen werden. Damit war die etwa zweistündige Unterredung beendet.

Nach dem Essen zog Hitler sich zurück, Schuschnigg und Schmidt wurden in einen Nebenraum gebeten, wo Ribbentrop in Gegenwart Papens ihnen die ultimativen Forderungen überreichte.

Die wesentlichen Maßnahmen, deren Durchführung innerhalb von fünf Tagen gefordert wurde, waren:

1. Ernennung Seyß-Inquarts zum Sicherheitsminister, Glaise-Horstenaus zum Unterrichtsminister und Fischböcks zum Wirtschaftsminister.

2. Amnestie für alle gerichtlich verurteilten Nazis einschließlich der Blutverbrecher.

3. Verwaltungsamnestie für alle gemaßregelten Beamten und Offiziere.

4. Offiziersaustausch zwischen der österreichischen und deutschen Wehrmacht.

5. Freie Betätigung der Nazis innerhalb der vaterländischen Front.

Als Gegenleistung bekannte sich Deutschland zum Abkommen vom 11. Juli, zur Anerkennung der österreichischen Souveränität und zum Verzicht auf jedwede innenpolitische Einmischung.

Schmidt stellte Papen in brüskem Ton wegen der Verletzung der vor Annahme der Einladung getroffenen Abmachung zur Rede und rang Ribbentrop einige Zugeständnisse ab, wie zum Beispiel den Verzicht auf die Berufung Glaise-Horstenaus als Heeresminister und Fischböcks als Wirtschaftsminister sowie den Verzicht auf die Terminisierung eines Teiles der Maßnahmen. Auch erreichte er in einigen Punkten elastischere Formulierungen. Es blieb aber beim Wesentlichen: dem Nationalsozialismus sollte in Österreich freie Bahn gegeben werden.

Als Schuschnigg nach einigem Warten wieder zu Hitler beschieden wurde, überreichte dieser ihm das Protokoll mit den Worten: »Ich habe mich entschlossen, einen allerletzten Versuch zu unternehmen, Herr Schuschnigg. Hier ist der Entwurf. Verhandelt wird nicht; ich ändere keinen Beistrich. Sie haben entweder zu unterschreiben, oder alles Weitere ist zwecklos, und wir sind zu keinem Ergebnis gekommen; ich werde dann im Laufe der Nacht meine Entschlüsse zu fassen haben.«

Hitler akzeptierte Schuschniggs Feststellung, daß die Ernennung von Ministern sowie die Amnestie Prärogativen des Bundespräsidenten seien und er sich demnach nur verpflichten könne, sich für diese Maßnahmen einzusetzen. Der Einwand des Bundeskanzlers, er könne die Einhaltung der Frist nicht garantieren, brachte Hitler aber wieder in Wut. Er riß die Türe auf, rief General Keitel und entließ Schuschnigg. Über den weiteren Verlauf schreibt dieser:

»Etwa eine halbe Stunde später. Ich werde wieder zu Hitler gerufen. Hitler: ›Ich habe mich entschlossen – zum erstenmal in meinem Leben – von einem gefaßten Entschluß noch einmal abzugehen. Also! Ich wiederhole

Ihnen: es ist der allerletzte Versuch. Innerhalb von drei Tagen erwarte ich die Durchführung!‹

Dr. Schmidt und Herr v. Papen werden ins Zimmer gerufen. Das nachfolgende, im wesentlichen monologe Gespräch bringt nichts Neues. Der Entwurf mit den geringfügigen Änderungen, die mit Ribbentrop vereinbart waren, wird zur Herstellung der Reinschrift in die Schreibstube geschickt.

Der Führer beruhigt sich allmählich und die Konversation verläuft in gebräuchlichen Formen.

Hitler: ›Wenn wir uns somit geeinigt haben, ist die Frage Österreich für uns alle bereinigt. Glauben Sie mir, Herr Bundeskanzler, es ist gut so. Dabei kann es bleiben für die nächsten fünf Jahre. Bis dort ist es lange hin. Dann sieht die Welt ohnedies wieder anders aus... Wenn man mir folgen würde, wäre Frieden möglich; aber man folgt mir ja nicht. Ich hätte der Welt gerne einen neuen Weltkrieg erspart; ich weiß nicht, wenn mir nicht geglaubt wird, ob er vermieden werden kann... Wir sind daran, die beste Wehrmacht zu schaffen, über die das deutsche Volk jemals verfügt hat. Es wäre unverantwortlich vor der Geschichte, dieses Instrument nicht zu gebrauchen...‹

Es geht dann die Rede vom abschließenden Pressekommuniqué. Ich ersuche zur Erleichterung der Situation und im Sinne der noch in Wien erhaltenen, ausdrücklichen Zusage um Erwähnung des Juliabkommens von 1936, als Grundlage und Bekräftigung der heutigen Vereinbarung.

Hitler: ›Nein! Noch ist sie nicht durchgeführt! Es wird folgendes verlautbart: – Am Berghof fand heute eine Unterredung statt zwischen dem Führer und deutschen Reichskanzler und dem österreichischen Bundeskanzler. – Schluß! Ich werde dann in meiner Rede vor dem Reichstag alles andere in einem freundlichen Kommentar für Österreich erwähnen!‹«

Das geschah in Berchtesgaden am 12. Februar 1938. Dann überstürzten sich die Ereignisse.

Am 13. Februar bot Schuschnigg dem Bundespräsidenten seinen Rücktritt an. Miklas bat ihn aber, im Amt zu bleiben und das deutsche Diktat durchzuführen.

Am 16. Februar wurde die Umbildung des Kabinetts bekanntgegeben. Im Sinne der deutschen Forderung wurde Seyß-Inquart Innenminister. Schuschnigg wollte aber diese Konzession an die Nationalsozialisten durch Verbreiterung der Regierung nach anderer Richtung ausgleichen. Der dem linken Flügel der Christlich-Sozialen angehörende Hans Rott und der den Monarchisten nahestehende Ludwig Adamovic wurden Minister ohne Portefeuille, und der Sozialdemokrat Adolf Watzek wurde Staatssekretär für Arbeitsschutz. Guido Schmidt, der, wie Schuschnigg später schrieb, »am 12. Februar (Berchtesgaden) alles tat, was in seinen Kräften stand, um den österreichischen Standpunkt gegenüber Hitlers Erpressung zu vertreten und... hierbei auch Erfolg zu verzeichnen hatte«, wurde Außenminister. Noch am gleichen Tage forderte er laut Ministerratsprotokoll nachdrücklich, in der Regierungserklärung die von Deutschland zugesagte Nichteinmischung festzuhalten. Er konnte sich aber gegen Seyß-Inquart, der dies als nicht zweckmäßig bezeichnete, nicht durchsetzen.

Zwischen *dem 16. und 18. Februar* wurden gleichzeitig mit den nazistischen Häftlingen auch die sozialistischen entlassen. Schuschnigg ging also bei der Amnestie in gleicher Weise vor wie bei der Kabinettsbildung. Sie sollte nicht nur die Nazis begünstigen, sondern der Erweiterung der Regierungsbasis dienen. Er wollte die Arbeiter gewinnen.

Versuche nach dieser Richtung wurden vom Wiener Bürgermeister, Richard Schmitz, schon im Jahre 1936 und wiederum im Jahre 1937 unternommen. Damals glaubte Schuschnigg, eine Bereitschaft der sozialistischen Arbeiter zur Mitarbeit in der vaterländischen Front zu bemerken, und beauftragte Zernatto, dies zu fördern. Mit den allein maßgebenden sozialdemokratischen Führern kam es aber zu keiner Annäherung. Dies geschah erst unter dem Eindruck von Berchtesgaden in Gesprächen des Wiener Bürgermeisters mit dem Führer der illegalen sozialdemokratischen Gewerkschaften Hillegeist und dem ehemaligen Schutzbundkommandanten Eifler.

Am 17. Februar bot Otto von Habsburg nach Fühlungnahme mit dem großen alten Herrn der österreichischen Sozialdemokratie, Karl Seitz, sich in einem an Schuschnigg gerichteten Schreiben an, als Bundeskanzler den Widerstand gegen Deutschland auf breiter Basis zu organisieren. Diese Initiative zeigt den Mut und die Opferbereitschaft des damals noch jungen Mannes. Realpolitisch hatte sie aber keine Chancen. Denn Hitler hatte es außer Zweifel gestellt, daß er im Falle der Rückkehr des Thronfolgers sofort in Österreich einmarschieren würde. Es ist bezeichnend, daß der deutsche Generalstabsplan für die Invasion »Operation Otto« genannt wurde. Aber auch die Tschechoslowakei und Jugoslawien hätten die Übernahme der Regierung durch den Habsburger nicht toleriert. Schuschnigg antwortete dem Thronfolger, nicht er, sondern nur der Bundespräsident könne den Bundeskanzler berufen.

Am 19. Februar schrieb der italienische Außenminister in sein Tagebuch: »das österreichische Huhn« sei in den »deutschen Suppentopf gefallen oder doch beinahe«.

Am 20. Februar hielt Hitler dann die in Berchtesgaden angekündigte Reichstagsrede. Er dankte dem Bundeskanzler für seine Bemühungen, einen gemeinsamen Weg zu finden, beklagte aber das Los der 10 Millionen Deutschen, die an einer Vereinigung mit dem Mutterland gehindert und wegen ihrer Verbundenheit mit dem Gesamtvolk verfolgt würden. Dies bezeichnete er als auf die Dauer für eine Großmacht unerträglich.

Das war für die österreichischen Nazis das Signal, auf die Straße zu gehen. Schmidt verlangte von Schuschnigg ein schärferes Einschreiten gegen die Unruhestifter, weil er sonst die außenpolitische Linie nicht halten könne. Er könne nicht glaubwürdig versichern, daß der Nazismus und der Anschluß von einer Mehrheit der Österreicher abgelehnt würden, wenn man auf der Straße nur den Ruf: »Ein Volk, ein Reich, ein Führer!« höre. Aber der neue Innenminister Seyß-Inquart ließ seine Gesinnungsgenossen randalieren.

Gleichfalls *am 20. Februar* demissionierte der britische Außenminister Eden wegen ernster Differenzen mit dem Premierminister Chamberlain in der Italienpolitik. Halifax, der ebenso wie Chamberlain auf Verständigung mit Hitler ausgerichtet war, wurde sein Nachfolger.

In diesen Tagen sagte der amerikanische Geschäftsträger in Wien, John Wily, zu Schmidt, daß seine Regierung »tiefes und ehrliches Interesse am Wohlergehen Österreichs habe«. Er sei überzeugt, die USA hofften, die österreichische Regierung werde »jeder Bedrohung ihrer Unabhängigkeit kraftvoll widerstehen«. Aus Washington bekam er prompt eins aufs Dach. Der amerikanische Außenminister Cordell Hull telegraphierte: »Ich bin etwas besorgt über die Erklärung, die Sie... Schmidt gegenüber gemacht haben... In Zukunft sollen Sie sorgfältig vermeiden, irgendwelche Erklärungen abzugeben, die auch nur irgendwie dahingehend gedeutet werden können, daß diese Regierung sich in Fragen rein europäischer Natur einmische oder daß sie an der Entscheidung solcher Fragen auch nur indirekt teilhabe.«

Der französische Premierminister Camille Chautemps sagte zum amerikanischen Botschafter William Bullit, er sehe einer deutschen Annektion Österreichs »mit ziemlichem Gleichmut entgegen«.

Am 23. Februar einigten sich Hillegeist und der Organisationsleiter der vaterländischen Front Hantschk über die Bedingungen für die Mitarbeit der Sozialdemokraten.

Am 24. Februar versuchte Schuschnigg in einer Ansprache, die auf Hitlers Reichstagsrede replizierte, die Stimmung in Österreich hochzureißen.

Am 3. März empfing der Bundeskanzler 20 Gewerkschaftler unter Führung von Hillegeist und akzeptierte die Forderungen der Arbeiter.

Am 5. März kam aus Berlin Staatssekretär Keppler und präsentierte neue, über das Abkommen von Berchtesgaden hinausgehende Forderungen. Schuschnigg lehnte ab.

Am 7. März nahm eine sozialdemokratische Vertrauensmännerkonferenz das Ergebnis der Verhandlungen der Gewerkschaftler mit Schuschnigg an.

Unter dem Eindruck der nationalsozialistischen Umtriebe, die besonders in der Steiermark und Kärnten bedrohlichen Charakter annahmen, kam Schuschnigg zum Entschluß, durch eine Volksabstimmung eine klare Entscheidung herbeizuführen. Denn er durfte eine Auflösung der Staatsautorität nicht zulassen. Der positive Ausgang der Abstimmung war durch die Einigung mit den Sozialdemokraten gesichert. Und die Reaktion Hitlers? Schließlich hatte er selbst in Berchtesgaden eine Volksbefragung vorgeschlagen. Und jedenfalls würde dadurch der Plan, eine nazistische Machtübernahme von innen her zu bewerkstelligen, vereitelt. Hitler könnte dann nur von außen einen Gewaltakt setzen. Schuschnigg versicherte sich der Zustimmung des Bundespräsidenten, unterrichtete den, eben zu privatem Besuch in Wien anwesenden, ungarischen Außenminister Kanya, berief den österreichischen Militärattaché in Rom Liebitzky zwecks ehester Information Mussolinis nach Wien und weihte vor seiner Abreise nach Innsbruck am Abend des 8. März gegen ehrenwörtliche Versicherung der Geheimhaltung Seyß-Inquart ein.

Nach dem Gespräch mit Mussolini kehrte Liebitzky sofort nach Wien zurück. In Abwesenheit des Kanzlers wurde er von Hornbostel zu Schmidt geführt. Er berichtete, Mussolini sehe optimistisch in die Zukunft. Österreich solle durchhalten. Nur gegen die Volksabstimmung habe er Bedenken: »É un errore!« Schmidt meldete dies sofort dem Bundeskanzler nach Innsbruck. Dieser konnte aber nicht mehr zurück.

Am 9. März hielt Schuschnigg in Innsbruck die »Mander, s'ischt Zeit«-Rede.

Noch am gleichen Abend notierte General Jodl in seinem Tagebuch: »Schuschnigg hat überraschend... einen Volksentscheid angeordnet, der ohne planmäßige Vorbereitung einen hohen Sieg der Legitimisten ergeben soll. Der Führer ist entschlossen, das nicht zu dulden... Führer will österreichischer Regierung Ultimatum übermitteln. Fall Otto vorbereiten.«

Am 10. März gaben die Sozialdemokraten die Ja-Empfehlung für die Volksabstimmung.

Am gleichen Tage brüllte Hitler in Berlin Glaise-Horstenau an, er sei entschlossen, am 12. einzumarschieren, sonst könne die Volksabstimmung für Österreich ausgehen. Dann schickte er ihn mit einem Brief an Seyß-Inquart nach Wien zurück.

Der deutsche Geschäftsträger Herr von Stein erschien bei Schmidt und verlangte die Absetzung der Volksabstimmung. Der Außenminister antwortete, dies sei eine Frage, die ein souveräner Staat aus Eigenem zu entschei den habe. In seinen Notizen bezeichnete Herr von Stein diese Reaktion Schmidts als Unverfrorenheit.

Schmidt bemühte sich, Seyß-Inquart dazu zu bringen, sich für die Volksabstimmung auszusprechen. Dieser erklärte sich dazu bereit und verlangte keine Verschiebung. Er verlangte nur die Zusicherung Schuschniggs, daß in die Landtage auch Vertreter nationalsozialistischer Gruppen aufgenommen würden. Darüber sagte Seyß-Inquart in Nürnberg: »Am 10. März 1938 gegen Abend hatte ich, man kann sagen über Veranlassung des Dr. Schmidt, der sich Sorgen über die Entwicklung machte, eine längere Aussprache mit dem Bundeskanzler. Wir haben uns weitgehend geeinigt (Volksabstimmung) und ich hoffte, über die bestandenen Schwierigkeiten hinwegzukommen. Die Partei hatte aber hierfür kein Interesse mehr.« Und alles, was in Wien geschah, war durch die Entscheidung in Berlin überholt.

Am gleichen Tag demissionierte Chautemps. Frankreich war ohne Regierung.

Am 11. März unterzeichnete Hitler den Befehl Nummero 1 »Operation Otto«: »Wenn andere Maßnahmen sich als erfolglos erweisen, beabsichtige ich mit bewaffneten Kräften in Österreich einzufallen, um verfassungsmäßige Zustände herzustellen...«

Gleichzeitig informierte er Mussolini schriftlich und verpflichtete sich in aller Form, die Brennergrenze zu respektieren. Der Brief sollte vom Schwiegersohn des Königs von Italien, dem Prinzen Philipp von Hessen, sofort überreicht werden.

An diesem 11. März wurde der Außenminister in aller Frühe durch die Meldung geweckt, daß die an der deutschen Südgrenze stationierten Truppen mobilisiert würden. Er bat mich, sofort ins Amt zu kommen. Dort herrschte fieberhafte Aktivität. Schmidt beauftragte die

Gesandten Hornbostel und Hoffinger, sogleich mit den maßgeblichen Staatskanzleien Fühlung aufzunehmen und die Situation darzulegen.

Im Laufe des Vormittags forderten Glaise-Horstenau und Seyß-Inquart im Sinne des Hitlerschreibens von Schuschnigg die Absage der Volksabstimmung und die Anberaumung einer Befragung nach dem Muster des Saar-Plebiszites. Sie seien beauftragt, Göring in einer Stunde Vollzugsmeldung zu erstatten. Sollte ihr Anruf nicht zeitgerecht erfolgen, würde er sich danach richten.

Schuschnigg berief den Polizeipräsidenten und Staatssekretär für das Sicherheitswesen, Dr. Skubl, der ihm meldete, daß seit der Reintegrierung der gemaßregelten Nazi-Polizisten die unbedingte Verläßlichkeit der Exekutive »nicht mehr wahrscheinlich« sei. Schuschnigg hielt das Bundesheer für loyal, wollte ihm aber keinen Bürgerkrieg und keinen Bruderkrieg zumuten. Die Frontmiliz – Nachfolger der freiwilligen Wehrverbände – war laut Urteil ihres Kommandanten zu jedem Einsatz bereit. »Aber nicht gegen Deutschland.«

Der weitere Ablauf der Ereignisse wird durch Telefongespräche zwischen Berlin und Wien illustriert, die dank des Abhördienstes im Wortlaut erhalten sind.

Um 14.45 Uhr meldete Seyß-Inquart dem Reichsmarschall, daß Schuschnigg das Ultimatum angenommen habe. Göring war aber nicht befriedigt. Nach Rücksprache mit Hitler gab er Seyß-Inquart um 15.50 Uhr folgende Weisungen:

»Es wird gefordert, daß die nationalen Minister sofort dem Bundeskanzler ihre Demission einreichen, und von ihm verlangen, daß er ebenfalls zurücktrete... Selbstverständlich kann mit der Demission Schuschniggs nur Ihre unverzügliche Beauftragung mit der Neubildung des Kabinetts erfolgen.«

Um 15.55 Uhr meldete Seyß-Inquart dem Reichsmarschall: »Kanzler Schuschnigg hat sich zum Bundespräsidenten begeben, um seine und die Demission des gesamten Kabinetts einzureichen.«

Göring: »Ist damit auch der Auftrag zur Kabinettsumbildung an Sie sichergestellt?«

Seyß-Inquart: »Hierüber werde ich spätestens bis 17.30 Uhr Bescheid geben können.«

Göring: »Ich erkläre kategorisch, daß dies außer der Demission Schuschniggs eine unumstößliche Forderung bedeutet.« Um 17 Uhr gab Göring Globocnig die Weisung: »Das Kabinett muß bis 19.30 Uhr gebildet sein ... Dazu kommt Keppler jetzt hin ... Keppler bringt verschiedene Namen, die hineinkommen sollen.«

Um 17.26 Uhr meldete Seyß-Inquart, daß der Bundespräsident ihn noch nicht ernannt habe, »das dauert bei ihm allgemein drei bis vier Stunden«.

Göring: »Also, das geht so nicht! Das geht unter keinen Umständen! Die Sache ist jetzt im Rollen. Also bitte: es muß jetzt sofort dem Bundespräsidenten mitgeteilt werden, daß er unverzüglich Ihnen die Macht zu übergeben hat als Bundeskanzler und daß er das Ministerium so anzunehmen hat, wie es gesagt worden war, also Sie Bundeskanzler und das Heer ...«

Hier schaltete sich der österreichische Nationalsozialist Kaetan Mühlmann ein und meldete: »Die Situation ist so, daß der Bundespräsident noch immer die Zustimmung hartnäckig verweigert und eine diplomatische Aktion, eine offizielle, seitens des Reiches fordert. Wir wollten – drei Nationalsozialisten – ihn jetzt persönlich sprechen, um ihm nahezulegen, in dieser aussichtslosen Situation das einzig Mögliche zu tun, nämlich ja zu sagen. Er hat uns nicht einmal vorgelassen. Es sieht insofern also aus, als ob er keineswegs gewillt wäre, nachzugeben.«

Göring verlangte wieder Seyß-Inquart und sagte: »Sie möchten sich sofort mit dem Generalleutnant Muff (deutscher Militärattaché in Wien) zum Bundespräsidenten begeben und ihm sagen: Wenn er nicht unverzüglich die Forderungen – Sie kennen sie – annimmt, dann erfolgt heute nachts der Einmarsch der bereits auf der Grenze aufmarschierten und anrollenden Truppen auf der ganzen Linie, und die Existenz Österreichs ist vorbei! Der Generalleutnant Muff möchte sich mit Ihnen hinbegeben und verlangen, sofort vorgelassen zu werden und das auszurichten ... jetzt ist die Sache so, daß dann heute nachts der Einmarsch an allen Stellen Österreichs beginnt. Der Einmarsch wird nur dann aufgehalten, und die Truppen bleiben an der Grenze stehen, wenn wir bis 19 Uhr 30 die Meldung haben, daß Miklas die Bundeskanzlerschaft Ihnen übertragen hat.«

Um 18.28 Uhr meldete Keppler: »Muff ist jetzt oben gewesen beim Bundespräsidenten, der hat wieder abgelehnt.«

Göring: »Dann soll ihn der Seyß-Inquart absetzen! ... Die Truppen bekommen jetzt in 5 Minuten von mir den Befehl zum Einmarsch.«

Um 19.57 Uhr meldete Seyß-Inquart, er sei noch immer nicht mit der Regierungsbildung betraut worden.

Göring: »Also gut, ich gebe den Befehl zum Einmarsch und dann sehen Sie zu, daß Sie sich in Besitz der Macht setzen.«

Um 20.45 Uhr unterzeichnete Hitler den Befehl Nummero 2, der unter Hinweis darauf, daß die österreichische Bundesregierung die Forderung des deutschen Ultimatums nicht erfüllt habe, den Einmarsch anordnete.

Um 20.48 Uhr meldete Keppler: »Seyß hat am Rundfunk gesprochen, daß er als Innenminister die Geschäfte weiterführe. Die alte Regierung hat Befehl gegeben, daß das Heer keinerlei Widerstand leiste.«

Göring: »Nun passen Sie auf: die Hauptsache ist, daß sich jetzt Seyß-Inquart der ganzen Regierung bemächtigt, Rundfunk und so weiter besetzt hält und passen Sie auf: Folgendes Telegramm soll der Seyß-Inquart hersenden: Schreiben sie auf: – »Die provisorische österreichische Regierung, die nach der Demission der Regierung Schuschnigg ihre Aufgabe darin sieht, Ruhe und Ordnung in Österreich wiederherzustellen, richtet an die deutsche Regierung die dringende Bitte, sie in ihrer Aufgabe zu unterstützen und ihr zu helfen, Blutvergießen zu verhindern. Zu diesem Zweck bittet sie die deutsche Regierung um baldmöglichste Entsendung deutscher Truppen.«

Keppler: »Also es marschieren SA und SS durch die Straßen; es ist aber sehr ruhig.«

Göring: »Also passen Sie auf: die Grenzen muß er besetzen lassen, damit die da nicht mit dem Vermögen abschieben.«

Keppler: »Jawohl!«

Göring: »Und dann vor allen Dingen führt er ja jetzt auch die Außenpolitik.«

Keppler: »Ja, da haben wir noch niemand.«

Göring: »Das ist ja egal. Die muß jetzt der Seyß-Inquart führen, und er muß jetzt ein paar Leute berufen, die wir vorgeschlagen haben. Er soll jetzt eine provisorische Regierung bilden. Es ist ganz egal, was der Bundespräsident sagt. Er soll die Regierung bilden, wie er sie vorgehabt hat und das dem Ausland mitteilen.«

Keppler: »Ja!«

Göring: »Er ist ja der einzige, der noch Gewalt in Österreich hat. Also unsere Truppen überschreiten heute die Grenze.«

Keppler: »Ja!«

Göring: »Gut! Und das Telegramm möchte er möglichst bald schicken. Und sagen Sie ihm, wir bitten, er braucht das Telegramm ja gar nicht zu schicken; er braucht nur zu sagen: einverstanden! Rufen Sie mich zu diesem Zweck an, entweder beim Führer oder bei mir. Also macht es gut! Heil Hitler!«

Um 21 Uhr verlangte General Bodenschatz Staatssekretär Keppler: »Ich brauche dringend das Telegramm!«

Keppler: »Sagen Sie dem Generalfeldmarschall, daß Seyß-Inquart einverstanden wäre!«

Bodenschatz: »Das ist hervorragend. Ich danke Ihnen! Also Seyß-Inquart ist einverstanden?«

Keppler: »Jawohl!«

Inzwischen hatte Schuschnigg sich in einer Radiorede an das österreichische Volk gewendet: »Die deutsche Reichsregierung hat dem Herrn Bundespräsidenten ein befristetes Ultimatum gestellt, nach welchem der Herr Bundespräsident einen ihm vorgeschlagenen Kandidaten zum Bundeskanzler ernennen und die Regierung nach den Vorschlägen der deutschen Reichsregierung zu bestellen wäre, widrigenfalls der Einmarsch deutscher Truppen für diese Stunde in Aussicht genommen wäre. Ich stelle fest vor der Welt, daß die Nachrichten, die in Österreich verbreitet wurden, daß Arbeiterunruhen gewesen seien, daß Ströme von Blut geflossen seien, daß die Regierung nicht Herrin der Lage wäre und aus Eigenem nicht Ordnung machen könne, von A bis Z erfunden sind ... Der Herr Bundespräsident beauftragte mich, dem österreichischen Volk mitzuteilen, daß wir der Gewalt wichen. Wir haben, weil wir um keinen Preis deutsches Blut zu vergießen gesonnen sind, unserer Wehrmacht den Auftrag gegeben, für den Fall, daß der Einmarsch durchgeführt wird, ohne wesentlichen Widerstand – ohne Widerstand – sich zurückzuziehen und die Entscheidung der nächsten Stunden abzuwarten ... So verabschiede ich mich in dieser Stunde von dem österreichischen Volke mit einem deutschen Wort und einem Segenswunsch: Gott schütze Österreich.«

Das deutsche Nachrichtenbüro veröffentlichte dazu folgende »Richtigstellung«: »Schuschnigg behauptete, daß die Deutsche Reichsregierung von Österreich in einem befristeten Ultimatum die Bildung einer neuen Bundesregierung verlangt hätte. Diese Behauptung ist unwahr...« Dann folgte die Publikation des von Göring diktierten Telegramms, mit dem Seyß-Inquart um die Entsendung deutscher Truppen bitten sollte, des Telegramms, das letzten Endes gar nicht abgegangen war.

Die mit Göring geführten Telefongespräche illustrieren aber auch die Einstellung der deutschen Machthaber zu ihren österreichischen Handlangern. Auf die Bemerkung Globocnigs, Seyß-Inquart lege Wert darauf, daß bei der Neugestaltung der Verhältnisse zu Deutschland die österreichische Unabhängigkeit gewährleistet bleibe, sagte Göring: »Na, das wird sich alles ergeben.« Und wie es mit der Unabhängigkeit von allem Anfang an bestellt war, zeigte sich bei der Zusammensetzung der Ministerliste. Seyß-Inquart wollte nicht ein rein nationalsozialistisches Kabinett bilden, sondern auch Fachleute in der Regierung haben. In diesem Sinne bat er Schmidt sowie den Staatssekretär für das Sicherheitswesen Skubl, im Amt zu bleiben und designierte den als katholisch-national geltenden Universitätsprofessor Dr. Menghin als Unterrichtsminister. Schmidt lehnte sofort ab. Dazu sagte Seyß-Inquart im Nürnberger Prozeß: »Als es klar wurde, daß Bundeskanzler Schuschnigg als Kanzler nicht bleiben werde, beschäftigte ich mich mit der Zusammenstellung einer Ministerliste für ein allfälliges Kabinett Seyß-Inquart. Ich ging davon aus, daß die Krise lediglich innerpolitische Auswirkungen haben werde, nicht aber das Verhältnis Österreichs zum Reich berühren würde. Ich trachtete

daher, Männer zu finden, die ich als Vertreter der sogenannten österreichischen Richtung ansah und im Reich
nicht auf Widerstand stoßen würden. Von diesem Ge-
sichtspunkt aus bin ich auch an Dr. Schmidt herangetre-
ten, den Posten des Außenministers zu übernehmen, weil
ich Wert darauf legte, einen Mann zu haben, der bei den
Westmächten bekannt war. Gegen Schmidt waren Keppler, Botschaftsrat Stein und die Mehrzahl der Leute im
Reich. Die österreichischen Nationalsozialisten, wie Rainer, hielten ihn für tragbar und für einen brauchbaren
Mitarbeiter. Schmidt hat aus eigener Initiative abgelehnt.
Ich weiß seine Worte noch fast wörtlich: ›Das kann ich
nicht tun, Bundeskanzler Schuschnigg hat mich in die
Politik eingeführt und ich stehe in einem Freundschafts-
verhältnis zu ihm, ich werde ihm die Treue halten.‹«
Daß auch Rainer in Schmidt nur den Fachmann sah,
zeigte seine Nürnberger Aussage: »Soweit ich die Person
Guido Schmidts beurteilen kann, war er absolut loyal
gegenüber seinem Regierungschef und trat auch für die
österreichische Selbstständigkeit ein... Guido Schmidt
gehörte aber auch nicht einmal zu uns, sondern gehörte ins
andere Lager.«
Aber selbst wenn Schmidt nicht sofort abgelehnt hätte,
wäre er nicht in die neue Regierung gekommen. Denn die
Kabinettsliste wurde von Göring bestimmt. Und obgleich
ein fachlich geeigneter Außenminister nicht in Sicht war,
dachte dieser gar nicht daran, Schmidt zu nehmen. Hier
waren eben politische Erwägungen entscheidend und
nicht eine persönliche Wertschätzung. In Nürnberg sagte
Göring dazu: »Bei der Kabinettsbildung war weder vom
Führer noch von mir auch nur einen Augenblick daran
gedacht, Dr. Schmidt in das neue Kabinett hineinzuneh-
men... Dr. Schmidt kam schon deshalb nicht in Frage,
weil ich erfahren hatte, daß er im Verlauf des 11. März mit

England, Frankreich und Italien in Verbindung getreten war, um von diesen Mächten Widerspruch und Unterstützung gegen den Zusammenschluß zu erhalten.«

Aber Schuschniggs Staatssekretär für die öffentliche Sicherheit kam in die neue Regierung. Außenminister wurde der katholisch-nationale Dr. Wolf, Unterrichtsminister, wie ursprünglich vorgesehen, der gleichfalls katholisch-nationale Universitätsprofessor Dr. Menghin.

Die vom Außenamt ausgesandten Hilferufe führten dazu, daß Frankreich und England einen diplomatischen Schritt in Berlin zusagten, wenn Italien mithielte. In Rom wurde aber erklärt, daß die italienische Regierung im Augenblick nicht in der Lage sei, sich zu den Ereignissen zu äußern. Unterdessen empfing Mussolini den Prinzen Philipp von Hessen. Dieser meldete Hitler um 22.25 Uhr telefonisch:

»Ich komme soeben aus dem Palazzo Venezia. Der Duce hat die Sache sehr freundlich aufgenommen. Er läßt Sie herzlich grüßen. Man hätte ihm die Sache (Abstimmung!) von Österreich aus mitgeteilt. Am Montag hätte Schuschnigg es mitgeteilt. Da hätte er gesagt, das wäre eine vollkommene Unmöglichkeit, ein Bluff, man könne so etwas nicht machen. Darauf hätte er ihm geantwortet, das wäre leider schon so festgesetzt, und man könne davon nicht abgehen. Dann hätte Mussolini gesagt, damit wäre Österreich eine abgetane Angelegenheit für ihn.«

Hitler: »Dann sagen Sie bitte Mussolini, ich werde ihm das nie vergessen!«

Prinz Hessen: »Jawohl!«

Hitler: »Nie, nie, nie! Es mag sein, was wolle. Ich bin jetzt auch bereit, mit ihm eine ganz andere Abmachung zu schließen.«

Prinz Hessen: »Jawohl, das habe ich ihm auch gesagt.«

Hitler: »Wenn die österreichische Sache jetzt aus dem

Weg geräumt ist, bin ich bereit, mit ihm durch dick und dünn zu gehen, das ist mir alles gleichgültig.«

Prinz Hessen: »Jawohl, mein Führer!«

Hitler: »Passen Sie auf, ich mache jetzt auch jedes Abkommen. Ich fühle mich jetzt nicht mehr in der furchtbaren Lage, die wir eben noch militärisch hatten für den Fall, daß ich in den Konflikt gekommen wäre. Sie können ihm das nur mal sagen: ich lasse ihm wirklich herzlich danken. Ich werde ihm das nie vergessen! Ich werde ihm das nie vergessen!«

Prinz Hessen: »Jawohl, mein Führer!«

Hitler: »Ich werde ihm das nie vergessen; es kann sein, was will. Wenn er jemals in irgendeiner Not oder irgendeiner Gefahr sein sollte, dann kann er überzeugt sein, daß ich auf Biegen oder Brechen vor ihm stehe, da kann sein was will, wenn sich auch die Welt gegen ihn erheben würde...«

Prinz Hessen: »Jawohl, mein Führer!«

Die Rechnung wurde in Südtirol beglichen.

Inzwischen waren SA und SS in bewaffneten Formationen auf die Straße gegangen. Das Rathaus wurde besetzt, der Bürgermeister verhaftet. 6000 SA- und 700 SS-Männer marschierten auf den Ballhausplatz zu. Die Garde befürchtete einen Sturm auf das Bundeskanzleramt. Wir wurden ersucht, die Zimmer der Volksgartenfront zu räumen und uns in das Innere des Hauses zurückzuziehen. Schuschnigg und seine Getreuen begaben sich in den kleinen Ministerratssaal, dessen Fenster auf den Innenhof gingen. Die wenigen Beamten, die noch da waren, hielten sich im Vorzimmer auf. Seyß-Inquart und seine Leute nahmen die Räume auf der anderen Seite dieses Vorzimmers in Besitz, so daß wir das Kommen und Gehen beobachten konnten. Um 22 Uhr drangen 40 bewaffnete SS-Männer in das Bundeskanzleramt ein. Es hieß, Seyß-

Inquart habe die Weisung gegeben, sie einzulassen. In Nürnberg hat er dies dann geleugnet.

Seyß-Inquart hielt Schuschnigg vor, daß die Situation mit unabsehbaren Folgen aus der Hand geraten könnte, falls er nicht sogleich mit der Regierungsbildung betraut würde und bat ihn, sich beim Bundespräsidenten dafür einzusetzen. Miklas blieb immer noch fest, und um die Bundesländer an der Stange zu halten, beauftragte er Schuschnigg, im Radio durchsagen zu lassen, daß dieser immer noch mit der Weiterführung der Regierungsgeschäfte betraut sei. Schuschnigg gab den Text dieser amtlichen Verlautbarung an die RAWAG weiter. Sie lehnte es ab, von ihm Aufträge anzunehmen. Nach neuerlichem Drängen unterschrieb der Bundespräsident gegen Mitternacht die von Seyß-Inquart mit Keppler ausgearbeitete Ministerliste. Jetzt richtete Seyß-Inquart an Keppler die dringende Bitte, von Hitler die Widerrufung des Einmarschbefehls zu erwirken. Keppler erreichte, daß der Adjutant Brückner und der Chef der Wehrmachtsadjudantur Schmund den Führer aus dem Schlaf weckten. Nach einiger Überlegung entschied er, der Einmarsch müsse weitergehen. Göring war über diesen »unsinnigen Zwischenfall« wütend.

Gegen 1 Uhr verließen Schuschnigg, Schmidt, Hornbostel und ich in einem Auto mit SS-Leuten auf dem Trittbrett beim Seitenausgang in die Metastasiogasse das Bundeskanzleramt. Erst wurde Hornbostel heimgebracht, dann Schuschnigg, dann Schmidt. Ich begleitete ihn bis vor seine Wohnung. Dort brach er in Tränen aus. Als er sich gefaßt hatte, sagte er, das sei »das Ende von allem, was uns das Leben lebenswert macht«. Dann sagte er den Krieg voraus und seinen Ausgang.

Das war das Ende der politischen Tätigkeit Guido Schmidts. Schuschnigg charakterisierte sie später mit den

Worten, daß sein Mitarbeiter »auf Gedeih und Verderb bereit war, seine Amtspflicht zu erfüllen«.

Schmidt wurde sofort unter SS-Bewachung gestellt. SS war vor seinem Haus postiert und drei SS-Männer begleiteten ihn auf allen seinen Wegen. Kaltenbrunner wollte ihn verhaften lassen. Im Nürnberger-Prozeß sagte er dazu, für ihn sei »bei der Beurteilung Schmidts maßgebend« gewesen, »daß er ein ergebener Anhänger Schuschniggs war, der jede Beteiligung an der Regierung Seyß-Inquart abgelehnt hat und dies mit seiner persönlichen und politischen Treue zu Schuschnigg begründete.« Gerettet hat ihn Göring. In Nürnberg sagte dieser dazu aus: »Ich habe sehr rasch Dr. Schmidt persönlich nach Berlin holen lassen, als ich hörte, daß zu verschiedenen politischen Verhaftungen in Wien geschritten wurde. Da ich ein Gegner dieser Verhaftungen war, aber selbst in Wien nicht anwesend war, ließ ich Schmidt sicherheitshalber kurzerhand abholen, um ihn vor einer Verhaftung zu sichern. Der Grund war ausschließlich der, daß er der einzige Minister im Kabinett Schuschnigg war, den ich persönlich kannte, und ich tat dies aus einem spontanen Gefühl in dem Gedanken daran, daß er zweimal bei mir als Gast war.«

Schmidt hatte in der Nacht des 11. März eine weitere politische Tätigkeit abgelehnt. Aber auch die Rückkehr in den diplomatischen Dienst, aus dem er hervorgegangen war, kam unter den gegebenen Umständen für ihn nicht in Frage. Er suchte daher eine wirtschaftliche Betätigung, doch war es ihm nicht möglich, eine Anstellung zu finden. Ein erhalten gebliebener Brief des Gau-Personalamtes zeigt warum: Die NSDAP versperrte ihm den Weg. Nachdem er die Hoffnung, sich in Österreich eine Existenz zu schaffen, aufgeben mußte, wendete er sich an Göring. Und durch dessen Vermittlung erhielt er zunächst eine bescheidene Stellung, von der aus er aus eigener Kraft weiterkam. Göring sagte dazu in Nürnberg, daß ihm »Dr. Schmidt an sich sehr sympathisch« war und er »seine Gewandtheit kannte«. Dann habe er »ihn während der ganzen Zeit nur ein oder zweimal gesehen«.

Wie Menschen nun einmal sind, mußte es zu Verdächtigungen führen, daß Schmidt sich retten konnte. Daß er aber angeklagt wurde, er habe »im Zusammenspiel mit maßgeblichen Persönlichkeiten des Deutschen Reiches und der NSDAP ohne Wissen und unter Täuschung der österreichischen Bundesregierung insbesondere des Bundeskanzlers Dr. Kurt Schuschnigg in Verfolgung persönlicher politischer Ziele etwas unternommen, was die gewaltsame Änderung·der Regierungsform in Österreich zu Gunsten der NSDAP und der Machtergreifung durch diese förderte«, das ist bei der durch Dokumente und die Aussagen des Bundeskanzlers und seiner engsten Mitarbeiter bewiesenen Sachlage heute geradezu unfaßbar. Es läßt sich nur durch die damals herrschende Psychose erklären, die Schuld oder meinetwegen die Verirrung von Millionen durch das Opfer eines Sündenbocks zu tilgen.

In einem Rechtsstaat mußte es zum Freispruch kommen. Dieser erfolgte am 49. Verhandlungstag nach eingehendem Studium aller einschlägigen Dokumente und Zeugenaussagen. Trotz vorsichtiger Formulierungen war die Urteilsbegründung für so manchen Ankläger Schmidts beschämend genug. Ein Zeuge, der die in einem Buche gegen Schmidt erhobenen Anschuldigungen »in einem Affidavid als Zeuge bestätigt hat«, mußte sich nach Darlegung der Unhaltbarkeit seiner Behauptungen sagen lassen: »Bei dieser Sachlage ist es jedenfalls mindestens befremdend, daß Dr. XY den vollen Inhalt seines Buches förmlich eidesstättig bestätigt hat.«

Die Urteilsbegründung schließt wie folgt: »Diese Überzeugung hat sich dem Gerichte unter Würdigung sämtlicher abgeführter Beweise, insbesondere der Aussage des für die Außenpolitik verantwortlichen Bundeskanzlers Dr. Schuschnigg in einer, jeden Zweifel ausschließenden Weise aufgedrängt.

Der einzig mögliche, allein zu rechtfertigende Schluß aus sämtlichen Urteilsgründen ist daher der Freispruch des Angeklagten von der wider ihn erhobenen Anklage.

An diesem Schluß ändert auch nichts die Tatsache, daß der Angeklagte zum Unterschied von fast allen prominenten Beamten des Außenamtes und vielen anderen Prominenten aus anderen Ständen in Österreich, von der Verhaftung und langjährigen Internierung in einem Konzentrationslager oder auch nur von einer Behandlung nach der sogenannten Berufsbeamtenverordnung verschont blieb und er im Juni 1939 in dem Hermann-Göring-Konzern eine gutdotierte Stellung erhielt. Es ist verständlich, daß diese Tatsachen im Kreise der dem Angeklagten im Außenamte untergeordneten Beamten Neid und Befremden erregte, aber auch zum Teil so ausgelegt wurden, daß der ehemalige Außenminister Österreichs in Anerkennung seiner Verdienste um das Zustandekommen des Anschlusses nicht verhaftet und aus dem gleichen Grunde mit einer einträglichen Position im genannten Konzern belohnt wurde.

Die vorerwähnte Auslegung hat aber durch das abgeführte Beweisverfahren keine Stütze erfahren. Die Tatsache der anderen Behandlung des Angeklagten hängt vielmehr offenbar damit zusammen, daß der Angeklagte in Ausübung seiner Funktion als Staatssekretär für Auswärtige Angelegenheiten mit Göring in schriftlichen und mündlichen Kontakt kam und aus diesem eine Sympathie Görings für den Angeklagten resultierte, so daß die geschilderten Vorteile sich als Gunst des Schicksals darstellen.

Die Sympathie Görings für den Angeklagten ist von mehreren Zeugen bestätigt worden, ergibt sich aber auch objektiv aus der Art, in der die Verhaftung des Angeklagten verhindert wurde. Es entspricht durchaus dem impulsiven Wesen Görings, daß er am 15. März 1938 seinen Günstling mit einem Flugzeug aus Wien nach Berlin förmlich entführen ließ, um ihn vor der damals in Wien hochgehenden Verhaftungswelle zu bewahren, wie Göring und auch Kaltenbrunner ausdrücklich angegeben haben.

Mit der Einstellung des Angeklagten in den Hermann-Göring-Werken hatte es aber folgende Bewandtnis: der Angeklagte war nach dem 11. März 1938 zunächst ohne Beschäftigung, versuchte im Sommer 1938 in der österreichischen Wirtschaft, insbesondere bei den Elin-Werken, eine Stelle zu finden, was ihm aber wegen der feindseligen Haltung der österreichischen Nationalsozialisten gegen ihn nicht gelang. Er richtete deshalb im Herbst 1938 an Göring einen Brief, bei dessen Abfassung ihm der Zeuge Kabinettsdirektor Klastersky behilflich war, worin er Göring um seine Einflußnahme bei der Erlangung einer Stellung in der deutschen Wirtschaft ersuchte.

Am 1. Juli 1939 erhielt der Angeklagte eine Stellung im Vorstand des Hermann-Göring-Konzerns. Sein Wirkungskreis war ursprünglich nicht sehr bedeutend, doch gelang es ihm dank seiner Tatkraft und seiner Fähigkeiten, sich im Laufe der Zeit ein ansehnliches Arbeitsfeld zu verschaffen.

Auch diese Anstellung ist das Ergebnis der Sympathie Görings für den Angeklagten. Diese Sympathie entwickelte sich bei Göring dadurch, daß er im mündlichen Umgang mit dem Angeklagten an dem gewandten gesellschaftlichen Auftreten desselben Gefallen fand und dieser ihm auch durch seine Schlagfertigkeit und den Gebrauch offener Worte, die, wie Zeugen bekunden, manchmal sogar in Sarkasmus ausarteten, imponierte.

Nun ist es bekannt, daß sich Göring, obwohl er nach Hitler der mächtigste Mann im Reiche war, in einem ungezwungenen Wesen gefiel, das trotz bombastisch-lächerlicher Züge auch bei offiziellen Anlässen zum Durchbruch kam, und die Personen, die ihn von dieser Seite zu nehmen und zu behandeln verstanden, mit Gunst-bezeugungen beehrte und diesen gegenüber eine Art Ritterlichkeit an den Tag legte, selbst wenn es sich um politische Gegner handelte.

Übrigens verschaffte Göring zum Beispiel dem Bruder des ehemaligen österreichischen Bundeskanzlers, Dr. Arthur Schuschnigg, den er offenbar persönlich überhaupt nicht kannte, eine Anstellung als Kustos am Kaiser-Friedrich-Museum in Berlin.

So erklärt es sich, daß sein freundliches Interesse für den Angeklagten nach dem Umbruch nicht erkaltete, sondern im Gegenteil offenbar in Mitleid mit dem plötzlich um seine hohe Position gekommenen Angeklagten umschlug und diesen durch eine Unterbringung in seinem Konzern entschädigte.

Dieser Darstellung des Hermann Göring kann, da sie mit seinem Wesen konform ist, der Glaube nicht versagt werden. Sie kann daher mit Fug und Recht anderen Auslegungen, die übrigens nur den Wert von Vermutungen oder Verdächtigungen beanspruchen können, entgegengehalten werden ...

Es soll hierbei nicht unerwähnt bleiben, daß der Angeklagte nach den Ergebnissen des Beweisverfahrens seine einflußreiche Stellung auch dazu benützte, um einer großen Anzahl von Österreichern, die durch den Nationalsozialismus eingekerkert worden waren oder Stellung und

Einkommen verloren hatten, seine Hilfe und Unterstützung angedeihen zu lassen, die sich auch in vielen Fällen tatsächlich zugunsten dieser Personen auswirkte.

Die somit eingehend gewürdigten Tatsachen vermögen also nach Meinung des Gerichtes die Überzeugung von der Richtigkeit des Freispruches nicht zu erschüttern.

Diese Urteilsgründe sollen nicht geschlossen werden, ohne noch einmal mit gebührendem Nachdruck darauf hinzuweisen, daß alle nur erdenklichen Zusammenhänge mit dem Gegenstand der Anklage zur eingehenden Erörterung herangezogen wurden, um den Angeklagten als Person und seine Wirksamkeit als Ressortminister von allen Seiten zu beleuchten und so ein verläßliches Licht zur Beurteilung und Lösung der Schuldfrage zu gewinnen.«

Der Freispruch erfolgte am 12. Juni 1947. Die Berufung auf einen angesehenen wirtschaftlichen Posten sollte Schmidt für das erlittene Unrecht Genugtuung leisten. Er ging mit dem ihm eigenen Schwung an die Arbeit. Aber seine Gesundheit war angeschlagen. Nach weniger als 10 Jahren starb er im Alter von 56 Jahren.

Siegmund Franz Meller

Ob an jenem regnerischen Winterabend des Jahres 1935 auch andere nach Büroschluß die Champs Elysées hinaufgegangen sind, könnte ich nicht sagen. Denn ich war ausschließlich mit meinem Liebeskummer beschäftigt. Als mir dann der Hotelportier meldete, soeben habe ein Herr nach mir gefragt, wollte ich schleunigst den Rückzug antreten, aber es war zu spät. Ein graues Osterei stand neben mir und war da. Rundlich, bescheiden und österlich mit triefendem Mantel, dünnen, durchnäßten Schuhen und voller Wärme. Das war Sigmund Meller, dessen Besuch mir gemeinsame Freunde angekündigt hatten. Im Kampf um die Zeit hatte ich schon früh eine beachtliche Meisterschaft im Abwimmeln entwickelt, und es wäre schließlich nichts leichter gewesen als zu sagen, daß ich mich nur schnell umziehen müsse, um wieder fortzulaufen. Aber zu meiner größten Überraschung hörte ich meine eigene Stimme fragen: Wollen Sie nicht mit mir Tee trinken? Als er dann wieder in den Regen hinausging, wußte ich folgendes: Bankier, verheiratet, geschieden, wiederverheiratet und getrennt, nach dem einsamen Nachtmahl ein Glas Bénédictine und dazu »Prosit Meller«. Ich wußte noch etwas: Da stimmt was nicht.

Auch ich nachtmahlte an diesem Abend allein in dem grell erleuchteten Speisesaal meines Hotels, allein mit meinem Kummer. Bald aber merkte ich, daß ein graues Osterei in meine Welt eingedrungen war. Was darin war, wußte ich nicht. Ein kleiner Bankier, der mit den Börsenkursen die Frauen und die Manschettenknöpfe wechselt? Ein Korporal der Heilsarmee? Oder was?

Eine volle Woche lang hörte ich nichts von Meller. Wird er sich nicht mehr melden? Gar zu ermutigend dürfte ich wohl nicht gewesen sein. Ich hatte mich nicht einmal nach seiner Adresse erkundigt und nur ganz beiläufig gesagt, ich würde mich freuen, usw. Auf der Gesandtschaft war unser Landsmann unbekannt. Gut, dann werde ich eben nicht erfahren, ob ich mit einem weichen oder einem hartgesottenen Ei Tee getrunken habe.

Als Meller aber dann doch nach genau einer Woche anrief, begrüßte ich ihn mit wirklicher Freude. Ich bat ihn gleich, an diesem Abend mit mir zu nachtmahlen und überließ ihm die Führung. Nach umständlichen Erörterungen landeten wir in einem Lokal, das weder die Elégance der mondänen Restaurants noch den Charme der Kutscherbeiseln hatte, dafür aber aufdringlich respektabel war. Meller sagte nichts mehr über sich selbst und stellte mir keine Fragen. Und doch teilte er sich mit, und doch fühlte ich mich in ihm angenommen und geborgen. Ich war beruhigt, obwohl er selber unruhig war. Manchmal sah er über mich hinweg auf die leere weißgetünchte Wand, als suchte er etwas. Dann wieder saß er still und in sich gekehrt da und schien in einer anderen Welt zu sein. Schließlich aber vertiefte er sich mit sichtlichem Wohlbehagen in das Beefsteak und den Burgunder und war da. Später, draußen in der kalten, klaren Winternacht, wies er ohne jedes Pathos mit eckiger Präzision auf die vorbeiströmende Menge, auf uns beide und auf die Sterne: »Können Sie mir sagen, wie die Rechnung aufgehen kann?«

Bald darauf verließ ich Paris. Meller war am Bahnhof. Als der Zug anrollte, gab er mir einen Zettel, den sollte ich später lesen. Dann stand er da, mit dem Hut in der Hand. Auf dem Zettel stand das Gedicht Bô Yin Râ's:

Nimm Dein Leben wie es ist,
Denke nie so könnt es sein,
Fluche keinem Deiner Tage,
Was Du tragen mußt, das trage.
Alles, was Dir je begegnet,
Segne und Du wirst gesegnet.

Schon nach wenigen Tagen hörte ich: Der Meller sitzt. Er hat seine Bank zugesperrt, hat alles, was er hatte, bis auf den letzten Centime seinen Gläubigern überlassen, und da dies nicht ausreichte, um alle zu befriedigen, hat er gegen sich selbst die Anzeige wegen fahrlässiger Krida erstattet. Einem Freund, der sogleich von Wien nach Paris geeilt war, sagte der Untersuchungsrichter: »Que voulez-vous que je fasse? Il veut expier.« Also: ein Jahr Santé.

In diesem Jahr haben wir nur wenige Briefe gewechselt, und doch war er immer so präsent, daß ich mich nicht wunderte, als er mich eines Tages anrief. Wir trafen uns in einem Caféhaus. Ich fand ihn im Gespräch mit einer Platinblonden, die ihn offenbar für einen einsamen, fixbesoldeten Buchhalter hielt. Das professionelle Lächeln ihres breiten Mundes und der schmucke Goldzahn hatten aber keine Macht über den bescheidenen Mann, der höflich aufgestanden war, um sie anzuhören. Mein Auftreten verscheuchte den Vampir, und Meller meinte verlegen: »Ich weiß nicht recht, was sie eigentlich wollte.« Nachdem ich ihn aufgeklärt hatte, sagte er ernst: »Wer weiß, warum sie diesen Weg gehen muß.« Dann erst begrüßten wir uns richtig, und über eine Mélange gebeugt, murmelte er: »Alles ist Gnade.« Ich bestürmte ihn mit Fragen, die er nicht zu hören schien. Grau und rund und österlich saß er da und sagte ganz schlicht: »Ich hatte eine Vision... ich hab' mir vorgenommen, es Ihnen zu sagen... aber mehr kann ich nicht sagen... es war die

Antwort auf alle Fragen ... jetzt weiß ich, wie die Rechnung aufgeht ... Es ist schon wahr, so eine Mélange kriegt man nur in Wien.« Mit Mühe konnte ich dann aus ihm herauspressen, daß er keinen Knopf Geld in der Tasche hatte und auf der Suche nach irgendeiner Arbeit war. Im Jahre 1936 war das kein Spaß. Meller aber war guter Dinge. Und überhaupt: »Das ist nicht so wichtig.«

Bald hatte er tatsächlich eine Anstellung, einen winzigen administrativen Posten bei einem Boulevardblatt. Er bekam genug, um leben zu können, und das Wie war nicht so wichtig. Wichtig war hingegen, daß er sich nach seiner Vision im Gefängnis hatte taufen lassen. »Nur der christliche Glaube kennt die Gnade.« Da gerade ein Pastor am nächsten zur Hand war, wurde er Protestant. Ein frommer Jude war er nie gewesen, und zu den Freimaurern war er aus gesellschaftlichen und geschäftlichen Gründen gegangen. Und doch war das der Wendepunkt gewesen. »Wir trafen uns einmal in der Woche, abends, ganz feierlich im Frack. Erst war eine Lesung, dann wurden die Lichter ausgelöscht und eine Kerze angezündet, und wir schauten lange still in das Licht.« So war die erste Beruhigung über ihn gekommen und die erste Unruhe.

In diesem Jahr haben wir uns nicht oft gesehen, aber wir waren uns sehr nahe. Ich schlug mich leidenschaftlich mit den Sorgen der Jugend herum, die keine Sorgen hat, und Meller war mein Schildträger. Was immer ich anstellen mochte, er war an meiner Seite, diesseits und jenseits Freuden verheißend. Von sich sprach er nur selten. Nur einen Ausspruch aus dieser Zeit habe ich mir gemerkt: »Das Ziel hab' ich gesehen, jetzt suche ich den Weg.«

Einmal, nachdem wir uns mehrere Wochen nicht gesehen hatten, traf ich ihn in der Franziskanerkirche. Strahlend berichtete er mir, jetzt sei er auf dem rechten Weg. Er sei Katholik geworden und dafür im Bogen aus seiner

Zeitung herausgeflogen. »Die haben geglaubt, ich hab' mich im Gefängnis aus Berechnung taufen lassen, und das haben sie mir verziehen. Aber daß ich jetzt aus Überzeugung Katholik geworden bin, das war ihnen zuviel.« Die Sache schien ihn köstlich zu unterhalten, und er war pikiert darüber, daß ich sie gar nicht komisch finden konnte. »Mein Posten? Das ist doch ganz egal.« Und wirklich, nach kaum einer Woche meldete er, daß er eine Anstellung beim Kompaß-Verlag gefunden habe. Und noch eins: Damals in der Kirche hatte er vergessen, mir zu sagen, daß er den Namen des geliebten Heiligen aus Assisi angenommen hatte.

Sigmund Franz Meller war glücklich, ansteckend glücklich. Den ganzen Tag lang saß er in einer finsteren Kammer über einer Arbeit, die viel Sammlung erforderte, und abends kniete er vor dem hellerleuchteten Hochaltar der Franziskanerkirche, gewiegt vom Rhythmus der Rosenkränze und Litaneien. So oft wir uns trafen, brachte er die Sammlung, das Licht und den Rhythmus seiner Tage mit.

Dann kam Hitler. Auch das konnte meinen Freund nicht erschüttern. »Warum, ich hab' doch niemandem etwas getan. Und was Politik ist, weiß ich nicht einmal.« Der Kompaß-Verlag schätzte den stillen Mann und ließ in weiterarbeiten. So verging die Zeit: 1938, 1939, 1940, 1941, 1942.

Ich weiß nicht mehr genau, wann die Judendeportationen einsetzten. Damals begleitete Meller mich einmal zum DDSG-Gebäude in der Hinteren Zollamtsstraße. Er ging immer ohne den Judenstern herum, und obwohl er unverkennbar jüdisch aussah, ist dabei nie etwas passiert, denn seine Bescheidenheit machte ihn unsichtbar. In der Lastenstraße kam uns ein mit Juden vollgepferchtes Lastauto entgegen. Meller blieb stehen und sagte vor sich hin: »Gott verzeih mir die Überheblichkeit. Wenn ich das sehe, muß ich immer an die Marie Antoinette am Schinderkarren denken. Da gibt es ein Bild davon in irgendeinem Museum in Paris. Und die Ci-Devant! Es ist doch immer das gleiche. Der Umsturz, das Ausjagen, das Umbringen der Besitzenden.

In erster Ehe war Meller mit einer Arierin verheiratet gewesen. Von ihr hatte er eine Tochter, für die er nach Kräften sorgte, was ihn vor der Deportation schützte. Obgleich ich schon wußte, daß man bei ihm immer auf alles gefaßt sein mußte, war ich doch entsetzt, als er mir eines Tages ganz beiläufig erzählte, er habe auf Drängen seiner Frau eine Erklärung unterschrieben, das Kind könne nicht von ihm sein. »Das arme Mädl, warum soll sie als Mischling durchs Leben gehen.« Viel später habe ich sie kennengelernt. Sie glich ihrem Vater wie ein Osterei dem anderen.

Nun sah man immer öfters die vollgepferchten Lastautos. Soll man sich unter die Räder werfen? Darf man trachten, die Schweinerei zu überleben, um dann den Karren aus dem Dreck zu ziehen? Das waren theoretische Fragen. Der Mensch will leben.

Eines Abends suchte Meller mich unangesagt in meiner Wohnung auf. Natürlich ohne Judenstern. Ich warnte ihn. Die Hausbesorgerin kannte ihn. Sie hat eben erst ihren Wolfshund vertilgen lassen, weil man in Notzeiten nicht unnötig viele Mäuler stopfen soll. Rationalisten sind gefährlich. Meller hatte dafür nur eine Handbewegung. Er hielt ein Paket auf dem Schoß, das er umständlich auspackte. Ja, man kann wirklich nie wissen, was einem bevorsteht. So hat er mir drei Sachen gebracht, die nicht in lieblose Hände kommen sollen: eine broschierte Ausgabe der Heiligen Schrift, ein Quecksilberbarometer und eine seidene Frackweste.

Bald darauf fiel der erste Schlag. Meller wurde dienstverpflichtet. Nachtdienst auf einer Straßenbaustelle. Wartung der Karbidlampen unter strenger Berücksichtigung der Vedunkelungsvorschriften. »Das ist ein gutes Zeichen, wenn sie mich deportieren wollten, würden sie mich nicht dienstverpflichten.«

Niemand wußte, wen sie deportieren wollten. Niemand wußte, nach welchem Plan sie vorgingen. Im Büro hörte ich, es gehe nach Bezirken und Straßen, »geographisch«. Die Leute konnten sich ausrechnen: »Morgen kommen wir dran.« Dann aber machten die Schwarzen halt und fingen ganz woanders an.

Ich hatte eine Freundin, über 70 Jahre alt. Sie stand mir innerlich sehr nahe, denn sie stand schon woanders. Damals lebte sie in einer bescheidenen Wohnung in Wien. Sie hatte aber auch ein Haus im Salzkammergut: »Eine Wiese voller Margeriten...« In diesem Hause habe ich Richard Strauss kennengelernt, Erich Wolfgang Korngold hat uns *Das Wunder der Heliane* noch vor der Uraufführung am Klavier vorgespielt, und der Sohn des Komponisten des Fiaker-Liedes, ein alter grantiger Oberlandesgerichtsrat, hat einen angesagten Groß-Slam in Pique gemacht und dabei erzählt, wie er schon gleich nach der Geburt geschrien und gestrampelt habe, weil er nicht zur Welt kommen wollte. Seinerzeit war diese Dame hochgeachtet und umworben. Inzwischen hatte sich das freilich geändert, denn sie war Jüdin. Eines Tages ließ sie mich zum Abendessen kommen. Mit ihr wohnte ihr Sohn, seine arische Gattin und der halbarische Bub, dessen Dasein den Vater vor der Deportation schützte. Ich fand die alte Dame mit einem 20-kg-Rucksack auf dem Rücken und einem Spitzbubengesicht durch das Wohnzimmer stapfen. Eine Maskerade? Mit ihrem feinen Lächeln sagte sie nur »Generalprobe«. Tags darauf sollte sie deportiert werden, und dieser Rucksack war alles, was sie mitnehmen durfte.

Theresienstadt. »Das ist nicht so schlimm. Ich werde dem Hitler nicht den Gefallen tun, mich dort begraben zu lassen. Und jetzt kein Wort mehr davon.« Wir gingen also zu Tisch. Es wurde nicht geschimpft, nicht gejammert und nicht philosophiert. Wir unterhielten uns so wie bei irgendeinem Abendessen, dem noch viele folgen sollten. Es fiel mir nicht leicht, den ruhigen Blick meiner Freundin zu ertragen. Ich schaute lieber auf ihre von der Gicht leicht deformierten Elfenbeinhände. Nach dem Essen bat sie ihren Sohn, uns einiges aus einer Sammlung komischer Zuschriften vorzulesen, die Erich Wolfgang Korngold bei seiner Emigration zurückgelassen hatte. Darunter war das Libretto zu einer Oper, das ihm »zu günstigen Bedingungen« angeboten worden war, und darin gab es ein Duett zwischen einem Jäger und seiner Liebsten:

Sie: Und die Hasen, die ich sehe,
     und die vielen, vielen Rehe
Er: Alles hab, mein teures Liebchen,
     ich erlegt mit mein Gewehr.

Lori unterhielt sich königlich. Wahrhaft königlich. Schon wenige Wochen darauf bekam ihr Sohn über Umwege eine Postkarte aus Theresienstadt: »Wir sprechen Ihnen unser tiefempfundenes Beileid zum Ableben Ihrer Frau Mutter aus. Es hat uns getröstet zu hören, daß sie in den letzten Stunden liebevoll gepflegt wurde.«

Mein Gott! Requiescat in pace.

Aber Meller, mein Meller war noch da. Den konnte man noch retten. Konnte man? Könnte er untertauchen? Es gab genug U-Boote in Rumpelkammern, in Dachböden, in Kellerlokalen. Alle Beteiligten riskierten ihr Leben, und die Hausmeisterin war die größte Gefahr. Ich sah keine andere Rettung für Meller. Meine Schwester hatte in diesen Dingen Erfahrung. Sie machte im Rahmen einer katholischen Hilfsaktion Botengänge mit Lebensmitteln, Kleidern und Medikamenten. Einmal wurde sie zur Gestapo vorgeladen. Damals erst hat sie es mir gestanden. Es waren bange Stunden mit happy end. Nur eine Verwarnung wegen unbefugten Religionsunterrichts.

Ich mußte Meller also dazu bringen unterzutauchen. Er hatte eine Zeitlang nichts von sich hören lassen. Kein Wunder, denn vor Einbruch der Dunkelheit mußte er an seiner Baustelle sein, draußen in der Triesterstraße, und erst im Laufe des Vormittags kam er heim. Da blieb wenig Zeit zum Schlafen. Jetzt aber mußte ich mit ihm sprechen. Anrufen konnte ich ihn nicht, also machte ich mich eines Nachmittags aufs Geratewohl auf, um ihn zu besuchen. Er wohnte in einem alten Haus, im dritten Stock links. Auf jedem Treppenabsatz war die Bassena, und aus den Wohnungen rechts und links kam einem der Speisezettel in Wellen entgegen. Nur im obersten Stock links gab es einen Mißton: Karbid. Meller war gerade dabei, eine seiner Lampen zu putzen. Mit schwarzen Händen, einem schwarzen Strich quer übers Gesicht, einer dicken Wollhaube auf dem Kopf kam er mir entgegen. Mein liebes Osterei! Und gleich erzählte er mir, daß es ihm eigentlich sehr gut gehe. Andere sind an der Front, andere sind in tosenden Fabriken, und er darf seine Arbeit in der Stille der Nacht tun, unter den Sternen, im Wind, im Regen. »Das ist gut. Da ist Er mir nahe. Da fühle ich, wie die Gnade mich hält und mich zieht.« Jetzt bemerkte ich erst, daß er einen fürchterlichen Schnupfen hatte. Du lieber Himmel, das könnte ich jetzt gerade brauchen. Aber ich mußte mich mit ihm aussprechen. Nein, wirklich, er hat nicht zu klagen. Er hütet seine Lichter gerne und zwischen den Kontrollgängen kann er sich in die Baracke setzen. Untertauchen? Nein, das hat doch keinen Sinn. Anderen zur Last fallen und dasitzen und warten, Tag für Tag, nein.

Unterdessen war die Karbidlampe geputzt. Nun ging er zum Gasrechaud und beförderte mit Liebe und Sorgfalt einen undefinierbaren Gatsch aus einem Reindl in die Menageschale. Jede Bewegung war von Andacht erfüllt, als hätte er Kelch und Patene in den Händen. Wir sprachen nicht, man hörte nur das Kratzen des Löffels. Als auch das getan war, sagte er sehr befriedigt: »Dazu mach' ich mir draußen einen Brombeerblättertee.«

Am Hohen Markt gab es eine israelitische Dienststelle, die an den Aushebungen irgendwie mitwirken mußte oder durfte. Es hieß, der Leiter könne manchmal zaubern. Man konnte schließlich einen übersehen, und wenn der einmal durch die Lappen gegangen sei, dann sei viel gewonnen, mindestens Zeit. Andere sagten, der Mann sei ein Gauner, er stecke das Geld ein und mache gar nichts. Was sollte er auch tun können? Zu dem Mann mußte ich also hingehen. Welcher von den Leuten, die vor dem Haus herumstanden, war ein Gestapo-Agent? Egal, schließlich gab es dort auch Wohnungen. Im Hausflur stand ein junger Kerl, der, sobald ich kam, auffällig auf die Uhr sah, als würde er auf jemanden warten. Er rauchte, und um ihn herum lagen mehrere Zigarettenstummel. Zigaretten waren damals Mangelware. Egal, ich mußte hinauf. Der Dienststellenleiter hörte mich nervös und mißtrauisch an, versprach nichts, aber nahm schließlich das Geld, das ich ihm buchstäblich aufnötigte. Als ich ging, stand der Raucher noch im Hausflur. Mir war wohler, als ich um eine und noch eine Ecke gegangen war.

Dann bekam ich den Schnupfen. Als ich so recht grantig in meinem schlechtgeheizten Büro in der Herrengasse saß, kam ein Anruf Mellers: »Bitte kommen Sie in die Michaelerkirche. Es ist dringend.« Um Gottes Willen. So hatte er noch nie gesprochen, der bescheidene, umständliche Meller. Ich ließ alles liegen und stehen und stürzte das verdunkelte Stiegenhaus hinunter, hinaus in die Herrengasse. Bevor ich den Kohlmarkt überquerte, blieb ich stehen, um mich etwas zu sammeln. Gespenstisch tauchten Autos aus der Dunkelheit und verschwanden im Nu. Ich weiß nicht, wie lange ich so dagestanden bin. Was habe ich versäumt? Was hätte ich tun können? Auch in der Kirche war es dunkel. Nur vor der Gnadenmutter flackerten einige schlechte, rauchende Kerzen. Da trat Meller aus dem Schatten: »Es ist soweit... Dein Wille geschehe, das sagt sich so leicht. Aber wenn man dann weiß, diese Nacht oder morgen wirst Du geholt, dann ist doch alles ganz anders.« Wir umarmten uns. Dann gingen wir aus der Kirche, und bald sah ich ihn nicht mehr. Totale Verdunkelung.

Zwischen »p. u.« und »av.«

»P. u.« hieß *politisch unzuverlässig.* Wer so abgestempelt wurde, war als »Systemschwein« verfemt; »av.«, *arbeitsverwendungsfähig,* war der niedrigste militärische Tauglichkeitsbefund, und wer den bekam, wurde als Glückspilz beneidet. Wie ich zu beiden kam und mit ihnen, von mehr Glück als Verstand geführt, davonkam, soll hier erzählt werden.

Als Sekretär des Außenministers gehörte es zu meinen Pflichten, sein Arbeitszimmer zu versperren, sooft er es verließ. Am Abend des 11. März 1938 kam der Kabinettschef des Ministers, Gesandter Ludwig von Blaas, in mein Zimmer und fragte:

»Wo ist der Minister?« – »Beim Kanzler.« – »Wieso ist sein Zimmer nicht versperrt?« – »Es ist nicht mehr nötig.«

Als ich das aussprach, wurde mir erst klar, was geschehen war. Niedergeschlagen ging ich mit meinem Kollegen Schöner, der eben bei mir war, in das Ministerzimmer. Das Radio war eingeschaltet. Wir hörten die Abschiedsworte des Kanzlers »...Gott schütze Österreich«, dann die Hymne. Da faßte ich den Entschluß, sofort aus dem Außendienst auszutreten. Noch in dieser Nacht sagte ich dem scheidenden Minister Guido Schmidt, ich möchte das Amt nicht mehr betreten. »Laß nur morgen diesen armen Wolf nicht im Stich. Der wird ja hilflos sein.« Wolf, ein Idealist katholischer Prägung, der durch seine Frau in nationale Kreise gekommen war, war der neue Außenminister.

Auf dem Heimweg fiel mir ein, daß ich auch aus einem anderen Grund in das Ministerium gehen mußte. In meinem Schreibtisch lag unter dosischer Sperre eine Mappe mit brisanten Korrespondenzen des Ministers, die als Privatbriefe nicht im Panzerschrank verwahrt werden konnten und wegen ihres politischen Inhaltes nicht in der gewöhnlichen Aktenablage. Denn es handelte sich um den Austausch von Gedanken und Informationen »im Kampf gegen die braune Pest.«

Als ich mich tags darauf bei Bundesminister Wolf meldete, brach er in Tränen aus:

»Nicht schön! Nicht schön, was wir erleben!«

»Es wird wohl nur wenige Tage dauern«, meinte ich.

»Da irren Sie sich. Hitler hat alles Interesse an der Wahrung der österreichischen Eigenstaatlichkeit. Das gibt ihm diplomatische Möglichkeiten, die er nicht aufgeben wird.«

An diesem 12. März 1938 lasteten Trauer und Angst auf dem Ballhausplatz. Die meisten Kollegen benahmen sich gut oder wenigstens zurückhaltend. Andere erklärten umständlich, daß sie, wenn auch nicht gerade »illegal«, so doch immer schon »betont national« gewesen seien. Die Illegalen waren jene, die auch in der Zeit, wo die NSDAP in Österreich verboten war, dieser Partei angehört hatten. Die betont Nationalen wollten sich mit beiden Seiten gut stellen.

Auf dem langen »politischen Gang« patrouillierte ein SS-Mann. Es wurde uns gesagt, daß die Vernichtung oder Verschleppung von Akten schwer geahndet werden würde, Papierasche im Kachelofen führe zur Verhaftung. Die Aktentaschen wurden an der Pforte kontrolliert. Korrespondenzen verschwinden zu lassen war also ausgeschlossen.

Am 13. März wurde der Anschluß vollzogen. Unmittelbar darauf, ich glaube, es war am 14. März, meinem dreißigsten Geburtstag, ging ich in die sogleich bei der Deutschen Gesandtschaft errichtete »Dienststelle des Auswärtigen Amtes« und bat um den Abschied. Ich hatte es dort mit zwei »illegalen« Kollegen zu tun, die mir die Weiterleitung meines Ansuchens zusagten. Als ich dann auf den Ballhausplatz ging, fand ich dort vor dem Ministerium eine handvoll Kollegen stehen, die mir sagten, wir würden nicht mehr eingelassen. Also ging ich heim.

An einem der nächsten Tage wurde ich von der Hausverwaltung des Ministeriums telephonisch ersucht, den Schlüssel zu meinem Schreibtisch abzugeben. So kam ich in das Amt, hörte aber, ich käme zu spät. Ein hoher SS-Funktionär, der in mein Zimmer eingezogen sei, habe den Schreibtisch aufbrechen lassen. »Und meine Sachen?« Ich wurde an den SS-Posten verwiesen. Zwei deutsche, uniformierte SS-Männer hörten mich an und meinten, da sei nichts mehr zu machen, der Schreibtisch sei ausgeräumt worden. »Und meine Sachen? Mein persönliches Eigentum? Eine Wollweste, ein Duden usw....?« Die beiden zuckten die Achseln, aber ich ließ nicht locker, bis schließlich einer zum anderen sagte: »Da waren so Klamotten, was hab'n wa nur damit jemacht?« »Wart mal!« Nach einigen bangen Minuten kam der SS-Mann zurück. Er hatte die kostbare Mappe in der Hand. »Das ist alles, was ich finden konnte.« Jetzt wurde ich großzügig. »Da kann man wohl nichts mehr machen.« Und ich empfing aus den Händen eines SS-Mannes die für mehrere gute Österreicher schwer belastende Korrespondenz. Was nun? Die Mappe aus dem Haus zu schmuggeln war unmöglich. Da rettete mich die Kenntnis aller Stiegen und Gänge des Hauses. Die SS-Männer waren heilfroh, mich los zu sein und merkten wohl gar nicht, daß ich nicht zum Ausgang ging, sondern in die entgegengesetzte Richtung. Eine Wendeltreppe führte mich in den nächsten Stock.

Dort stieß ich auf Herrn von Stein von der deutschen Gesandtschaft, der mit einem Offizier diskutierte. Offensichtlich angeekelt sagte dieser: »Das können wir doch nicht machen.« – »Machen könn' wa alles, nur keene Musik«, sagte Stein. Als er mich sah, wendete er sich ostentativ ab. So eilte ich ohne Gruß vorüber, kam über eine andere Stiege wieder einen Stock höher, ging in engen Gängen rechts und links und wieder rechts, bis ich zu einem entlegenen WC kam. Dort ließ ich mich häuslich nieder. Er dauerte lange, bis alle Briefe in winzige Stücke gerissen und hinuntergespült waren. Beim Abstieg legte ich die leere, unbeschriftete Mappe auf ein Fensterbrett.

Bald darauf wurde mir durch ein Gestapo-Verhör bekannt, daß eine Untersuchung gegen mich im Gang war. Das Verhör selbst verlief eher harmlos. Daß ich gegenüber der NSDAP immer ablehnend eingestellt gewesen war, konnte und wollte ich nicht leugnen. Die konkreten Anzeigen gegen mich – z. B. ich hätte gesagt, die Nazis seien Lausbuben – schienen aber der Gestapo keinen besonderen Eindruck gemacht zu haben. Sie bestätigten nur, daß ich eben auf der anderen Seite stand. Nach dem Verhör sagte ich meinem Bruder, ich müßte wohl auf eine Verhaftung gefaßt sein, hoffe aber, daß es nicht dazu kommen und das Verfahren nur zu dem mir ohnehin erwünschten Ausscheiden aus dem Staatsdienst führen werde. Denn ich war »p. u.«.

Zunächst erhielt ich aber von der Dienststelle des Auswärtigen Amtes den Bescheid, daß ein Austreten aus dem Staatsdienst nicht statthaft sei. Es wurde mir anheimgestellt, um Versetzung in die innere Verwaltung anzusuchen, was ich denn auch tat.

So kam ich nach einiger Zeit in die »Preisbildungsstelle« beim Amt des Reichsstatthalters. Diese war der »Systemschweinestall« des ehemaligen österreichischen Außen-

dienstes. Eine ganze Menge Kollegen, die nicht um Versetzung in die innere Verwaltung angesucht hatten – Heinz
Schmid, Josef Kripp und andere von den Besten der
Besten – waren dort während des Verfahrens, das sie außer
Dienst stellen sollte, vergattert. So lange zu warten war
mir zu langweilig. Ich erkannte sogleich, daß der Leiter
dieser Dienststelle, Ministerialrat Dr. Phillipp, kein Nazi
war und vertraute mich ihm offen an. Er sagte mir seine
Unterstützung zu, machte mich aber aufmerksam, daß ich
vor dem Abschluß des Verfahrens und der Außerdienst-
stellung keinen anderen Beruf ergreifen könne. Egal, ich
wollte nicht weiterdienen. Da gab er mir den Rat, ihm ein
ärztliches Zeugnis vorzulegen. Er werde dafür sorgen, daß
ich in Ruhe gelassen würde. Und so geschah es.

Seit den Märztagen des Jahres 1938 war mehr als ein Jahr
vergangen. Ich kann nicht sagen, daß es mir damals
schlecht gegangen wäre. Und doch war es eine gespensti-
sche Zeit. Schon das Erwachen in der Früh! Das Erinnern
an das, was geschehen war. Mir war nie bewußt geworden, ein Patriot zu sein. Aber das Land, in dem ich
verwurzelt war, in dessen Geist ich aufgewachsen bin und
dem ich gedient habe, war mir da, so selbstverständlich
wie die Luft, die ich atmete. Österreich. Jetzt wurde selbst
der Name ausgemerzt. Ostmark. So sollten Jahrhunderte
einer großen Geschichte ausgelöscht werden. Ich zweifel-
te keinen Augenblick daran, daß unser Land auferstehen
und ich in den österreichischen Außendienst zurückkehren würde. Aber die Gegenwart war niederdrückend.
Rechts und links verschwanden Freunde, die sich nicht
anders gegen den Nazismus exponiert hatten als ich. Und
dann: Von früher Jugend an hatten Juden einen gestalten-
den Einfluß auf meinen Lebensgang gehabt. Meine
Schwester war mit einem Nichtarier verheiratet. Mein
Schwager war als Gatte einer »Vollarierin« und Vater

»halbarischer« Kinder von den Nürnberger Gesetzen nicht betroffen. Sein Bruder, der in der gleichen Lage war, blieb in Wien. Er aber wollte fort, und meine Schwester hielt zu ihm. So haben wir einen Teil unseres oberösterreichischen Besitzes verkauft, um die Reichsfluchtsteuer zu zahlen. Das war aber nur ein Schritt auf dem Leidensweg, der aus dem Dritten Reich hinausführte. Als alle Formalitäten erledigt waren, schob der Beamte den Akt in die Lade und gab meiner Schwester zu verstehen, daß er mit sich reden lasse. Der Betrag war enorm. Aber auch dieses Opfer war unumgänglich. Also begleitete ich meine Schwester eines Abends bis vor ein obskures Kaffeehaus und ging draußen auf und ab, bis sie wiederkam. Jetzt war es so weit. Die Schiffspassage nach Australien war gebucht. Da erkrankte ein Bub an Diphterie. Auch das ging gut ab. Am Westbahnhof sagte dann der damals neunjährige Gusti: »Aber das kann man von meiner christlichen Nächstenliebe nicht verlangen, daß ich auch Hitler liebe.« Heute ist Sir Gustav Leiter des bedeutendsten medizinischen Forschungsinstitutes in Australien.

Die Freistellung vom Dienst im Amt des Reichsstatthalters brachte mir einen Szenenwechsel. Ich ging in unser Landhaus in Traunkirchen. Dort kam ich zur Ruhe. Die Distanz vom Tagesgeschehen, der See, die Berge, die Bäume brachten mich ins Lot. Und die plötzliche Freiheit war eine Herausforderung. Ich wollte ausbauen, was ich in den Jahren hastigen Studiums und intensiver Berufsarbeit begonnen hatte. Lesen.

Da brach der Krieg aus und ich hielt es für geboten, mich bei meiner Dienststelle zu melden. Also fuhr ich nach Wien und wurde gleich wieder heimgeschickt.

Dann, ich weiß nicht wann, wurde unser Landhaus für die NSDAP beschlagnahmt. »Systemschweine« brauchten keinen Stall. Nach Wien wollte ich nicht. Also ging ich nach St. Anton. Am Abend vor meiner Abreise ergab es sich, daß ich meinem Vater sagte, daß ich alles, was ich war, was ich konnte und was ich wußte, ihm verdanke. Das waren die letzten Worte, die ich ihm sagen konnte.

Am Arlberg kam ich dann in eine sonnige Welt. Juden gab es keine, ein »Systemschwein« zu sein galt als schick, und daß Krieg war, hatte sich dort noch nicht herumgesprochen. Am Stammtisch im Lumpenstüberl jagte eine Lachsalve die andere. Was man so leichthin Zufall nennt, wollte aber, daß ich mittags einmal allein mit einem viel älteren Schikameraden dort saß. Wie es dazu kam, weiß ich nicht mehr: Er führte mich zu den Werken Heinrich Zimmers über indische Mythen und indische Philosophie, die mir weite Horizonte erschlossen.

Als dann das Verfahren gegen mich abgeschlossen und ich zur Disposition gestellt wurde, ging ich schweren Herzens nach Wien und klapperte meine industriellen Freunde ab, um eine Anstellung zu finden. Die Antwort war stereotyp: »Wir haben schon Sorgen genug. Dich zu nehmen, würde uns neue Schwierigkeiten mit der Partei schaffen.« Nur einer sagte mir bereitwillig seine Hilfe zu. Dann meinte er: »Wir leben in einer Zeit, wo ein jeder Farbe bekennen muß. Das hab' ich auch meinem Sohn gesagt und er hat geantwortet: ›Ja, Papa, ich habe mich entschlossen, zur SS zu gehen.‹«

Also fuhr ich wieder nach St. Anton. Aber nicht für lange. Mein Ex-Chef Guido Schmidt nahm mich bei den Ohren.

»Höchste Zeit, daß Du wieder etwas arbeitest!«

»Ich hab' mich ja bemüht. Aber niemand will mich.«

»Willst Du arbeiten?«

Was konnte ich da schon sagen?

»Natürlich!«

»Wart nur. Ich nehm Dich beim Wort.«

Aus war's mit der Herrlichkeit. In wenigen Wochen trat ich bei der »Continentalen Motorschiffahrtsgesellschaft A. G.« Wien I., Herrengasse 2, ein. Schweren Herzens stieg ich die finsteren Treppen des Bürohauses hinauf. Kaum hatte ich abgelegt, wurde ich auch schon zum Generaldirektor der Gesellschaft geführt. Und da war mit einem Mal alles gut. Josef Bauer war ein Mann von gesammelter Kraft und warmer Väterlichkeit, bei dem ich mich sogleich geborgen fühlte. Er wußte genau, wo ich stand und gab sich mir gleich als Gesinnungsgenosse zu erkennen. Bald bemerkte ich, daß in dem Unternehmen kein einziger Nazi war. Und noch etwas: Da waren zwei Bürodiener, der eine hieß Dominici, der andere Hampel. Das gab dem Ganzen einen Schimmer von Nestroy's Wien.

So weit so gut. Aber die Rückkehr nach Wien brachte mir auch die Konfrontation mit einer grauenhaften Realität. Ich hatte lange abseits von der Wirklichkeit gelebt. Ich hatte meine Studien der italienischen Kunst- und Kulturgeschichte weit vorangetrieben, hatte den ganzen Dante und einige alte italienische Historiker im Originaltext gelesen, hatte, nach Jahren absorbierender Arbeit, die Berge, die Luft und das Licht erlebt, nicht aber, was um mich vorging. Als wir einmal den Osthang des Galzigs abfuhren, rief uns einer aus der Seilbahn zu, Deutschland habe Norwegen besetzt. »Ah, so!« und schon mußte ich aufpassen, nicht vom tiefen Schnee auf den Kopf gestellt zu werden.

Jetzt war es anders. In der Nähe eines Lazaretts sah ich einen Schwarm junger Männer auf Krücken. Einem jeden fehlte ein Bein. Und ich erlebte wieder das Elend der Juden. Und ich war Zeuge der Not deutscher Offiziere, die den Nazismus haßten und doch ihre Soldatenpflicht taten.

Nach einiger Zeit berief mich Generaldirektor Bauer in die »Schiffahrtstelle«, deren Leiter er war. Das war eine im Gebäude der Donau-Dampfschiffahrts-Gesellschaft (DDSG) in der Hinteren Zollamtsstraße untergebrachte Dienststelle aller im Donau-Kartell vereinigten Gesellschaften, deren Hauptaufgabe der Verbindungsdienst zur Wehrmachtstransportleitung Südost war. Dort bemühte ich mich, die mir anvertraute bescheidene Arbeit gut zu leisten. Da bekam ich die Grippe. Ich genierte mich, wegen einer Erkältung daheim zu bleiben, während andere an der Front standen. Also lief ich im Winterwind zwischen der Schiffahrtsstelle und der Wehrmachtstransportleitung hin und her. Und ich wurde schwer krank. Als nach mehreren Tagen das hohe Fieber gebrochen war, erhielt ich den Musterungsbefehl. Ich wußte nicht, was tun. Aber mein Arzt wußte es: »Freilich gehst hin. Das ist ein Haupttreffer. Denn wenn Du einrücken mußt, bist auf alle Fälle hin.« So wurde ich »av.«.

Unser Kontaktmann bei der Wehrmachtstransportleitung war Major Hausmann aus Ulm. Der Oberste Chef war Oberst von Ludwiger, ein Preuße. Als ich diesem nach drei Wochen Absenz mein Bedauern über das lange Ausbleiben ausdrückte, sagte er: »So, so! Ach, ach! Sie waren krank! Mädchens haben sicher sehr geweint.«

Mädchens! Da ist damals etwas passiert. Vor einem Hauskonzert tippte mir wer auf die Schulter, um mich wem vorzustellen. Ich drehte mich um und stand vor Else von dem Bussche. Sie wurde meine Frau.

Mein Traum, mich einmal als Manipulant auf einem Schleppzug einzuschiffen und schön langsam die ganze Donau hinunter- und wieder hinaufzufahren, hatte da natürlich seinen Reiz verloren. Aber Reisen gab es doch. Die ungarische und die slowakische Donauschiffahrt gehörten zum Kartell, und so kam es zu Konferenzen in

Budapest, in Preßburg und sogar in der Tatra. Dort ereignete sich etwas bei allem Ernst Urkomisches. Vorausgeschickt sei, daß die Schiffahrtsstelle der Wehrmachtstransportleitung und der für die nichtmilitärischen Transporte zuständigen Frachtenleitstelle-Südost an jedem Donnerstag bekanntgab, wieviel Kahnraum sie an jedem Tag der kommenden Woche in den einzelnen Donauhäfen zur Verfügung stellen konnte. Dieses Spiel war ebenso lustig wie heikel, denn die Disposition der Eisenbahntransporte erfolgte aufgrund unserer Angaben. Hatten wir mehr Kahnraum angeboten, als dann tatsächlich verfügbar war, blieben die Waggons stehen. Im umgekehrten Fall blieben unsere Kähne stehen, bis weitere Züge anrollten. Genau berechnen ließ sich das nicht. Es war ein Hasardspiel und eines mit gewaltigem Einsatz. Denn auf Ausladung wartende Waggons oder auf Einladung wartende Kähne kosteten Geld und im Krieg mehr als das, sie kosteten Leistung. Direktor Szekely, ein ungemein geschickter Praktiker, stellte die Berechnungen an, und ich gab sie weiter, wenn er das nicht selber tat.

Eines Abends in Tatra Lomnice bat mich Direktor de Verette von der DDSG zu einer Aussprache mit dem Leiter der Frachtenleitstelle. Dieser klagte mich persönlich hart an, ich schädigte die Schiffahrt durch Begünstigung der Wehrmachtstransporte gegenüber den einträglicheren kommerziellen. Es wäre leicht gewesen zu sagen, daß ich in der Schiffahrtsstelle nichts zu entscheiden hätte. Aber ich konnte mir nicht den Spaß entgehen lassen, dem »Bonzen« meine Meinung zu sagen, die übrigens tatsächlich meine Meinung war. So erklärte ich denn entschieden, daß die Schiffahrt in erster Linie den Wehrmachtsnachschub an die Ostfront zu bedienen habe und dann erst die kommerziellen Transporte, auch wenn diese einträglicher seien. Das sagte ich, das »Systemschwein«, dem Parteigenossen. Darauf war er nicht gefaßt. Er zog sich stotternd zurück. »Natürlich... das ist selbstverständlich –, aber im Rahmen der Möglichkeit...« Ich weiß nicht, ob ich ganz so mutig gewesen wäre, wenn ich nicht die Anständigkeit de Verettes gekannt hätte. Mir scheint beinahe, die Sache hat auch ihn unterhalten.

Tag für Tag hörte ich den britischen Sender und glaubte ihm geradeso naiv wie die Nazis dem deutschen. Wir brauchten damals die tägliche Bestätigung unserer Hoffnung auf das Ende des Alptraums. »Ringsum werden die Höhenfeuer leuchten«, hatte eine alte Frau in St. Anton gesagt. Aber seit Stalingrad gesellte sich zur Hoffnung die Furcht, das Ende könnte von Osten kommen. Die Ostfront mußte also halten.

Wien zeigte damals seine ganze Schamlosigkeit und seine ganze Größe. Das ging von Anbiederung an die Nazis bis zur Ausplünderung der Juden und von korrekter Haltung bis zu aufopfernder Hilfsbereitschaft. Schon bald nach dem Anschluß hörte ich in einem Kaffeehaus ein Gespräch zwischen dem »kommissarischen Verwalter« eines »nichtarischen« Betriebes und einem deutschen Kaufinteressenten. Der Deutsche: »Um diesen Betrag wird der Mann den Betrieb doch nicht verkaufen.« – »Dann sperrn wir den Juden eben ein«, sagte der Verwalter.

Später einmal erzählte ein mittlerer Beamter der DDSG, Göring habe ihm bei einem Empfang die Hand gereicht. »Die Hand hab’ ich seither nicht gewaschen.« – »Und diese ungewaschene Hand reicht er uns!« flüsterte mir Direktor Opara vom Bayrischen Lloyd ins Ohr. Aber mein Landsmann schmetterte weiter: »Ja, die Belastung der Lebensmittelversorgung durch die Juden-Konzentrationslager!« Und mit einem vielsagenden Blick: »Wir sind eben sehr sentimental.« Und während er sprach, gingen die Sendboten der katholischen Aktion in Kellerlöcher und Dachkammern, um den dort versteckten Juden das Notwendigste zu bringen. Wer dabei erwischt wurde, kam ins KZ.

Die noch unter Schuschnigg hergestellte Solidarität zwischen Christlichsozialen und Sozialdemokraten im Widerstand gegen den Nationalsozialismus festigte sich und wurde bei jedem nur irgendwie geeigneten Anlaß demonstriert. So auch bei der Einsegnung meines Vaters, der sich im Jahre 1933 als Kabinettsdirektor für die Wahrung der Demokratie exponiert hatte. Ohne daß wir ihn darum gebeten hätten, nahm Kardinal Innitzer die Einsegnung vor, und in der gesteckt vollen Karlskirche sah man nicht nur zwei frühere Bundespräsidenten und das bürgerliche Wien, sondern auch Karl Seitz und die alten Sozialdemokraten. Bei der Einäscherung der Frau Seitz ereignete sich in der Feuerhalle des Wiener Krematoriums die gleiche Demonstration demokratischer Solidarität.

Dieser Annäherung von rechts und links stand die Scheidung von »Nazis« und »Antis« gegenüber. Alte Freunde entzweiten sich. Ein junger Aristokrat ging nach Südamerika, weil ihm nazistische Neigungen in seinem Elternhaus unerträglich waren. Natürlich gab es auch anständige Nazis. Aber das konnten wir damals nicht zur Kenntnis nehmen. Waren doch die Verlogenheit und die Brutalität des Regimes offenkundig. Es hieß: Es kann einer gescheit sein und Nazi, und es kann einer anständig sein und Nazi. Gescheit und anständig und Nazi kann einer aber nicht sein. – Das war eine brauchbare Faustregel. Aber die Sache war doch nicht so einfach.

Conrad Lester erzählt: Im Jahre 1938, nach dem Einmarsch der deutschen Truppen, flüchteten der Dichter Franz Werfel und seine Gattin Alma nach Frankreich.

Kurz nach der Ankunft wurden sie von Paul Clémen-
ceau, dem Bruder des längst verstorbenen Politikers, zur
Jause eingeladen. Der Gastgeber machte sich über Hitler
lustig und schloß: »Er ist doch bei euch in Österreich
geboren!« Blitzschnell antwortete Alma: »Nein, er ist bei
euch geboren, in Versailles.« – Und noch viel früher, am
12. XI. 1925 schrieb C. J. Burckhardt an Hofmannsthal
über die Haltung der Westmächte gegenüber Deutschland: »...man reizt sie (die Deutschen) durch Mißtrauen
und mesquine Haltung, bis ihr Hang zum Übertreiben,
zum Dreinschlagen, zum harten Ende wieder losbrechen
wird... bis dann nur noch der blinde Zorn und die jeder
Demagogie zugängliche deutsche Urteilslosigkeit und politische Unbegabung übrig sind und einen Rausch bewir-
ken, den dann der Westen für die Weltgefahr an sich, für
die äußerste Bedrohung halten wird, während doch die
Bedrohung in Wirklichkeit sich hinter dieser deutschen
Fassade, zwischen Baltikum und Stillem Ozean vorbereitet, in einem räumlichen Ausmaße, das die Menschheit
noch nie gesehen hat.«
Der zweite Teil dieser Prophezeiung weist in eine
Zukunft, die uns jetzt auf den Leib rückt. Der erste ist
inzwischen Geschichte geworden. Durch die Engstirnigkeit der Alliierten zu Zukunftslosigkeit verurteilt, ließen
sich die Deutschen von einem falschen Propheten verfüh-
ren. Ein jeder wurde aufgerufen: der Arbeitslose, der
beruflich Festgefahrene und Beengte, der große und kleine
Opportunist und der Abenteurer ebenso wie der ent-
täuschte Weltkriegsoffizier und der patriotische Student.
Wer nicht durch religiöse Bindung, Instinkt und Reife
gefeit war, wurde mitgerissen. Dabei ging es gewiß sehr
weitgehend um materielle Interessen, aber keineswegs
ausschließlich, schon gar nicht bei der Jugend. Die Jungen
und gerade die Besten unter ihnen brauchen eine Idee und

wollen für sie kämpfen. Das hat Hitler ihnen gegeben. Und sie ließen sich urteilslos gläubig führen. Die Zukunftsvision dieser Jugend ist in dem Wort »Nationalsozialismus« gesagt. Daß aber der revolutionäre Zorn zu Verbrechen führt, ist ein Kehrreim der Geschichte. Die Pariser tanzten um die Guillotine.

Diese Erwägungen können freilich nur zur Erklärung des Phänomens »Nationalsozialismus« beitragen, nicht aber es rechtfertigen. Deshalb konnten wir damals auch den »Idealisten« keine mildernden Umstände zubilligen. Nazi war Nazi. Halt! Ganz so war es nicht. Denn unter den Idealisten gab es hilfreiche. Das hab' ich am eigenen Leib erfahren. Und oft genug war ich Zeuge eines mutigen Eingreifens oder eines ebenso mutigen Wegschauens. Das hat schon einen Unterschied gemacht. Und die Künstler? Da gab es Lumpen, die über die Politik Karriere machen wollten. Da gab es Überzeugte, die Politik über Kunst stellten. Und da gab es die Unpolitischen und die Regimegegner. Daß sie dageblieben sind, um wirken zu können, kann man sie dafür verurteilen? Sie haben uns viel gegeben. Sie haben uns geholfen durchzuhalten. Sie haben uns »in eine bessere Welt entrückt.« Ich danke ihnen dafür.

Es gab auch Bücher, die uns halfen. Da war »Auf den Marmorklippen« von Ernst Jünger, wo der Dichter in dunkel leuchtenden Bildern den Kampf um die Macht zeigt. Und da war Paul Claudel, der unsere Leidenschaften hinübersteigerte in die andere Dimension.

Und es gab mutige Priester, die von der Kanzel herab sagten, was zu sagen war.

Als gläubige Hörer des britischen Senders waren wir überzeugt davon, daß die Westmächte uns herzlich liebten. Daraus zogen wir den Schluß, daß die Wiener Innenstadt nie bombardiert werden würde. Die äußersten Industriebezirke, das war etwas anderes. Da hörten wir es täglich krachen. Aber den Stadtkern hielten wir für sicher. So waren wir fassungslos, als am 10. IX. 1944 das Undenkbare geschehen war. Ein Bombenteppich war auf die innere Stadt niedergegangen. Scherben, Trümmer, Tote. Und sogleich kursierten Erklärungen dafür, was passiert war. Da hieß es, die Amerikaner hätten Wien für Linz gehalten. Beide Städte lägen schließlich an der Donau. Und überhaupt sei das Geschwader unter dem Kommando eines Negers gestanden. So sei ein tragischer Fehler geschehen, der sich nicht wiederholen würde. So dachte auch ich.

In den Luftschutzkeller zu gehen kam mir auch dann noch nicht in den Sinn. So nahm ich auch am 16. X. 1944 nach dem Fliegeralarm in meinem Arbeitszimmer *The Adventures of Sally* von P. G. Woodhouse aus der Lade und begann zu lesen. Wie gewöhnlich grollten von den Vorstädten her die Bombenteppiche und donnerte die Flak. Floridsdorf? Simmering? Halt wie gewöhnlich. Aber ich war unruhig. Zugeben wollte ich das freilich nicht. Da fiel mir ein, daß ich etwas mit Generaldirektor Bauer zu besprechen hatte. Und dazu war im Luftschutzkeller gut Gelegenheit. Also setzte ich vorschriftsmäßig den Hut auf, ging in den Keller und suchte den Chef. »Heut haben's uns aber fest in der Reißen«, sagte er. Ein Donnerschlag, das Licht ging aus, der Hut wurde mir vom Kopf gerissen. Wir waren verschüttet. Nach wenigen Minuten funktionierte die Notbeleuchtung, und ein Luftschutztrupp machte sich an die Arbeit. Dauerte es eine Stunde, zwei oder drei? Dann krochen wir ins Freie. Mehrere 1000-kg-Bomben waren auf das alte, nur zweistöckige Haus der DDSG niedergegangen. Alle, bis auf eine, hatten bis zur Erde durchgeschlagen. Diese eine hatte den schmalen Turm über dem Luftschutzkeller gestreift und war in der Luft explodiert. Ohne den braven

Wächter hätte sie uns alle ins Jenseits befördert. So gab es nur einen Toten. Er war nicht in den Keller gegangen. In meinem Zimmer war die Decke nicht durchgeschlagen. Aber durch die Erschütterung war genug Mörtel herabgefallen, um den ganzen Raum mit Schutt zu bedecken. Ich grub *The Adventures of Sally* und meinen Lodenmantel aus und ging heim.

In den nicht zerstörten Teilen des Hauses wurden unglaublich rasch behelfsmäßige Büros eingerichtet. Die Arbeit ging weiter. Und die Bombardements auch. Tag für Tag. Da wollte ich in diesen Stunden bei meiner Frau und meiner Tochter sein. Sobald die Sirenen losheulten, rannte ich durch die ganze Innenstadt in die Löwelstraße. Ich lief so schnell, daß ich fast immer schon dort war, bevor es richtig krachte. Da saßen wir dann im Keller: meine Frau mit dem Kind auf dem Schoß, die alte, würdevolle Prinzessin Dietrichstein, ein Richter, der Nazi war und als harter Fanatiker galt, der Pfarrer der rumänisch-orthodoxen Gemeinde und Herr X und Frau Y in gemeinsamer Gefahr geeint. Wenn es wild krachte, sah das Kind auf, sagte »bum, bum« und drückte sich enger an die Mutter. Da nahm der Richter das »Bärli« und machte der Kleinen etwas vor.

Die Bombardements wurden immer ärger, das tägliche Leben immer schwerer. Ich wollte meine Frau und das Kind nach St. Anton schicken. Aber wie? »Räder müssen rollen für den Sieg!« Und ganz gewiß rollten sie nicht für »Systemschweine«. Seit einiger Zeit benötigte man zum Lösen einer Fahrkarte eine »Reisegenehmigung«. Für die Donauschiffahrt wurde die Schiffahrtstelle mit deren Ausgabe für kriegswichtige Fahrten betraut. Es waren streng verrechenbare Drucksorten. Ein Kollege, der diese Aufgabe übernehmen sollte, lehnte es empört ab, so eine Trottelarbeit zu machen. Also nahm ich sie auf mich.

Denn ich erkannte die Möglichkeiten, die sich da boten. Und als dann einmal ein Direktor von mir eine Reisegenehmigung wünschte und ich ihm ansah, daß es sich gewiß um eine wichtige, aber nicht gerade kriegswichtige Fahrt handelte, sagte ich ihm, daß ich meine Frau aufs Land schicken möchte und bat ihn, mir die Ausfolgung von zwei Reisegenehmigungen zu bestätigen. Und so geschah es. Das war im Jänner 1945.

Einen geordneten Arbeitstag gab es bald nicht mehr. Ich wohnte bei meiner Mutter in der Wohllebengasse. Wenn ich morgens ins Büro ging, strömten die Menschen durch die Prinz-Eugen-Straße und die Argentinierstraße in die Innere Stadt. Über die ganze Breite der Straße ging der Zug von Frauen, Kindern und Alten. In Taschen und Rucksäcken schleppten sie Proviant und Decken. Wer einen Kinderwagen hatte, war besser dran. Er schob mit dem Sprößling sein Zeug vor sich hin. Gegen 10 Uhr ertönte dann im Radio der Kuckucksruf. Voralarm! Eine halbe Stunde später heulten die Sirenen. Auch in Abwesenheit meiner Frau lief ich meist in die Löwelstraße, um dort schnell die Fenster zu öffnen. Das bewahrte sie davor, vom Luftdruck eingedrückt zu werden. Als wir einmal dort im Keller hockten, schreckte uns ein ungewöhnlich gewaltiger Krach. Dann füllte sich der Raum mit Benzindampf. Würden wir auffliegen? Der Luftschutzwart forderte, ein Freiwilliger solle auskundschaften, was passiert sei. Ich meldete mich, die alte Prinzessin machte mir ein Kreuzerl auf die Stirne, und auf ging's mit schnellen Sätzen auf das Dach. Dort stand ich vor einer hohen Feuersäule. Vor dem Haus lag ein abgeschossenes Flugzeug. Der Luftschutzwart ordnete die Räumung des Kellers an. Wir kletterten durch den Notausgang und liefen über den Hof in einen anderen Keller.

Auf den Gedanken, daß mir etwas passieren könnte,

kam ich kein einziges Mal. Aber beim Heimgehen wurde mir bang. Würde unser Haus noch stehen? Dort war meine Mutter. Menschen kamen mir entgegen. »Ist dort etwas passiert?« – »Ganz genug.« In der Gußhausstraße war ein Haus zur Hälfte fortgerissen. Die andere Hälfte stand da, offen wie ein Puppenhaus. In der Schwindgasse nichts. Dann war die Argentinierstraße mit Schutt verlegt. Rechts war ein Haus eingestürzt. Noch wenige Schritte bis zur Wohllebengasse. Und da stand unser Haus unversehrt. Täglich, durch Monate ging es so.

Imponierend war, wie schnell nach Bombenschäden die Versorgung mit Wasser, Strom und Gas wiederhergestellt wurde. Gewiß mußte ich manchmal mit zwei Kübeln zu einem Brunnen irgendwo hinter dem Rennweg gehen, und als der nichts mehr hergab, bis zum Theater an der Wien. Aber am nächsten Tag gab es wieder Wasser. Man durfte es nur abgekocht trinken. Und da Gas und Strom auch öfters ausfielen, beschaffte ich einen kleinen Eisenherd und zog ihn auf einem Spielerei-Leiterwagen durch die Stadt.

Meine Mutter zauberte immer wieder ein Essen her. Wir hatten sogar Tee. Der kam uns aber auf krummen Wegen ins Haus. Meine alte Kinderfrau war volle dreißig Jahre bei uns gewesen. Erst als wir uns im Jahre 1938 einschränken und unsere Wohnung teilen mußten, war sie in ein anderes Haus gegangen. Zu angesehenen Leuten; aber sie waren »Nazis«. Deshalb hatten sie freilich mehr als unsereiner. Und an jedem freien Nachmittag kam Jetty zu uns und brachte mir Tee. »Gott segne Deine langen Finger!«

So lebten wir von einem Tag zum anderen und wußten nicht, ob wir morgen noch ein Dach über dem Kopf haben würden. Denn in ungeheurem Crescendo donnerten die Bomben auf die Stadt nieder. Am 13. März 1945 sah ich die Oper in Flammen. Und an diesem Tag wurden etwa 80 Menschen unter den Trümmern des Rennverein-Gebäudes begraben. Die Fassade des Hauses blieb stehen. Alle Abende ging ich dort vorbei. Gespenstisch standen die leeren Fenster vor dem Himmel.

Crescendo ging auch das Wüten der schwarzen Henker. Ohne erkennbaren Plan griffen sie bald da bald dort zu. Dann sah man Fuhren mit menschlicher Last beladen auf den Straßen. Helfen! Wie? Meine Schwester arbeitete im Rahmen der katholischen Aktion bei der Versorgung der sogenannten »U-Boote« mit, der Juden, die in Kellern und Dachböden untergetaucht waren. Das war lebensgefährlich. Man konnte auch denen helfen, die noch offen da waren und keinem Broterwerb nachgehen konnten. Der Versuch, einen Freund von der Deportation loszukaufen, schlug aber fehl. Da konnten höchstens einflußreiche Männer eingreifen. Ein solcher Fall war mir bekannt. War es ein Zufall, daß der judenfreundliche Parteigenosse bald darauf mit einem Himmelfahrtskommando an die Front geschickt wurde? Von dort her überstürzten sich die Todesnachrichten. Junge Burschen, Familienväter. »Dies irae!«

Durch das englische Radio wußten wir, daß zwischen den Westmächten und der Sowjetunion eine Demarkationslinie quer durch Österreich vereinbart worden war. Das stellte mich vor ein Problem. Meine Frau und unser Kind waren in St. Anton. Meine Mutter lehnte es ab, Wien zu verlassen. Sie sagte, sie sei zu alt, um einer Flüchtlings-Ungewißheit entgegenzugehen. Tatsächlich aber wollte sie versuchen, uns Haus und Habe zu retten. Mir sagte sie, ich gehöre zu Frau und Kind. Auch könne sie mich hier nicht brauchen. Eine alte Frau werde sich eher halten können als ein junger Mann. Und als Kroatin werde sie mit den Russen reden können.

Jetzt brauchte ich wieder ein ärztliches Zeugnis, das mir völlige Arbeitsunfähigkeit bescheinigte. Mein Arzt, ein Schulkollege, traute sich nicht, es mir auszustellen. Auch er müsse dableiben und seine Frau auch, obgleich sie eine Möglichkeit hätten, auf dem Lande unterzukommen. Wie sollten sie hinkommen? Sie könnten ja nicht einmal die Fahrkarten lösen. So tauschte ich zwei Reisegenehmigungen gegen ein ärztliches Zeugnis. Dann packte ich meinen Rucksack und wartete, bis die Russen wenige Kilometer vor Wien standen. Am Karfreitag (1945) war es soweit. Laut englischem Radio waren sie in Preßburg. Also ging ich zu Major Hausmann in die Wehrmachtstransportleitung und meldete:

»Herr Major, ich hau ab.«

»Meinen Segen haben Sie.«

»Der genügt mir nicht.«

»Was wollen Sie denn noch?«

»Einen Kurierauftrag.«

»Wohin gehen Sie?«

»Nach St. Anton am Arlberg.«

»Sie sind wohl von Sinnen! An wen soll ich Ihnen da einen Auftrag geben?«

»Geben Sie mir ein Schreiben an den Bayrischen Lloyd in Regensburg oder in Passau. Wenn ich nur einmal über Salzburg bin, werde ich schon weiterkommen.«

Er zögerte.

»Sie wissen, daß der Volkssturm die Züge durchkämmt. Ich hab' wohl ein ärztliches Zeugnis. Aber ob das langt?«

Da nahm er einen leeren Briefbogen und versiegelte ihn.

Am Karsamstag in aller Frühe wanderte ich mit dem Rucksack zum Westbahnhof. Der Zug sollte um 6^h abgehen. Für ½ 6 war ich mit meinem Freund Heinz Haymerle in der Halle verabredet. Er kam wenige Minuten vor 6^h. Es gelang uns gerade noch, uns in ein Abteil III. Klasse zu drängen, in dem schon 10 Personen waren. Also waren wir zwölf. Zwei ältliche Damen nahmen unsere Rucksäkke auf die Knie. Eingepfercht, ohne festen Stand, schwankten wir, sehr zum Schaden der Hühneraugen unserer freundlichen Garderobierinnen, hin und her. Dann ein Ruck. Der Zug stand. Tieffliegeralarm. Wir mußten aussteigen und uns auf den Bahndamm werfen. Ganz umsonst. Die Russen hatten interessantere Ziele. Also wieder hinein in den Zug und fahren und stehen, in Stationen und auf freier Strecke stehen. Gegen Abend waren wie in Pöchlarn, etwa 100 km von Wien. Es hieß, wir würden dort mindestens vier Stunden stehen, weil die Strecke vor uns zerbombt sei. Also ließen Heinz und ich die Rucksäcke bei den ältlichen Damen und gingen in den Ort nachtmahlen. Als wir uns wieder dem Bahnhof näherten, fuhr der Zug gerade aus. Wir rannten, was natürlich sinnlos war. »Heiliger Antonius!« Und siehe: Der Zug kam wieder. Er war nur auf ein anderes Gleis verschoben worden. Erst in der Nacht fuhren wir weiter. Und wieder ging es: fahren und stehen und stehen und stehen. Am frühen Morgen lief der Schaffner den Zug entlang: »Alles aussteigen. Wir sind 10 km vor Linz. In zwei Stunden fährt dort ein Zug in Richtung Salzburg ab.« Für Heinz und mich wäre es leicht gewesen, ihn zu erreichen, aber wir konnten die ältlichen Damen nicht im Stich lassen. Also nahmen wir ihre Taschen und trieben sie vor uns her. Wir kamen zurecht. Eine uralte Zuggarnitur stand am Bahnhof. Halb leer fuhr der Zug ab.

In Salzburg kamen wir gegen Mittag an, mußten umsteigen und hatten mehrere Stunden Zeit. So gingen wir zur »Traube« essen. Dort herrschte tiefster Friede. Auch die Fahrt nach St. Anton war problemlos. Nur dauerte sie lange. Erst in den Morgenstunden kamen wir dort an. Wir waren zwei Tage und zwei Nächte unterwegs gewesen.

Unsere Frauen wohnten im selben Haus. Journeys end?

Mittags gingen wir wie eh und je ins Stüberl zur Post essen. Waren wir aus einem Traum erwacht? Waren wir in einen Traum gesunken? Während die Russen Wien einnahmen, gab es im Stüberl nur ein Gespräch. »Ihr hättet den Maienwasen abfahren sollen. Der war grad richtig aufgefirnt. – Die Kandahar mußte doch heute eisig sein ... Ja, nachmittags schon eher ...«

Erst als dann bald die Amerikaner von Osten her und die Franzosen von Westen her zum Arlberg heraufkamen, wurde der Krieg für St. Anton interessant. Denn die Amerikaner waren Engel und die Franzosen Teufel. Also mußte St. Anton von den Amerikanern besetzt werden. Da trat die dortige Widerstandsbewegung in Aktion, freilich nicht gegen die deutschen Unterdrücker, sondern gegen die als Befreier herannahenden Franzosen. Einige Lastwagen wurden in den Arlbergtunnel geschoben und gesprengt. Da die Straße noch tief verschneit war, konnte St. Anton also von Westen nur über den Berg per pedes erreicht werden.

Die ersten, die so durch den Schnee gestapft kamen, waren deutsche Soldaten, die vor den Franzosen zu den Amerikanern flohen. In endlosem Elendszug fluteten sie her. Der Gemischtwaren-Händler Scherer stellte vor seinem Laden einen großen Kessel mit heißem Kaffee, oder was man halt damals so nannte, auf die Straße, und seine Tochter und ihre Freundinnen reichten ihn den erschöpften Männern.

Dann kam die Nachricht: »Die Amerikaner sind in Pettneu, knapp neun Kilometer vor St. Anton.« Im Nu war der Ort beflaggt. Von jedem Haus wehten die Fahnen: rot-weiß-rot. Das war ein sonniger Tag. Dann geschah nichts. Und tags darauf wieder nichts. Am dritten Tag kam endlich ein junger Offizier in einem Jeep daher. Er wurde von den Führern der Widerstandsbewegung, dem deutschen Auto-Rennfahrer Hans v. Stuck und dem heimischen Skilehrer Albert Funder empfanden. Die Enttäuschung war groß. Er wollte nur skifahren. Nein, die Amerikaner könnten St. Anton nicht besetzen. Die Demarkationslinie liege bei Pettneu. Bis dorthin reiche die französische Zone. Dort war in den amerikanischen Generalstabskarten die Paßhöhe eingezeichnet! Der Schreck war groß. Den Franzosen ging ein übler Ruf voraus.

Einen oder zwei Tage darauf kamen Stuck und Funder zu mir und baten mich, mit ihnen den Franzosen entgegenzugehen, die jetzt den Arlberg herunterkamen. Denn die beiden sprachen wohl englisch, nicht aber französisch. Also fuhren wir in Stucks Wagen los. Dann stapften wir durch den Schnee. Als erster kam ein Neger mit einer Maschinenpistole im Anschlag. Wir blieben stehen und schwenkten die weiße Fahne. Als nächster kam der Feldkurat, als dritter der Hauptmann. Ich sagte, wir seien gekommen, um St. Anton zu übergeben und bat, den Ort friedlich zu besetzen. Dann gingen wir mit dem Hauptmann und dem Kuraten vor. Hinter uns der Neger mit der Maschinenpistole. Bald kam die Truppe nach. Schließlich stieg der Hauptmann mit zwei Soldaten in das Auto. Stuck lenkte, Albert und ich mußten als Kugelfang dastehen. So fuhren wir an der Spitze der Truppe im Schritt in St. Anton ein. Der Krieg war aus.

Es muß ein Samstag gewesen sein. Denn tags darauf waren wir in der Messe. Die Kirche war mit französischen Soldaten überfüllt. Beinahe alle gingen zur Kommunion. »So viel Angst haben wir vor den Franzosen gehabt«, sagte nachher der Pfarrer, »und dann kommen so brave Leut'.« Tatsächlich war die Haltung der Franzosen gut. Die einzigen Übergriffe, die gemeldet wurden, waren Vergewaltigungen von Hühnern durch die Spahis. Berühmt wurde der Schreckensschrei einer Bäuerin, als sie gerade dazukam, wie ein Marokkaner ihrem Hahn den Kragen umdrehen wollte: »Eh, vous, ne mordez pas mon coq!« Schließlich wollte er ganz offenkundig ihren Hahn ermorden. Es kam zu keiner einzigen Belästigung von St. Antonerinnen. Daß die feschen Kerle hie und da eine Eroberung gemacht haben, möchte ich freilich nicht ausschließen. Ein Spahi sagte mir: «Krigg gutt. Nix Krigg, nix Freilein.«

Haben die Franzosen auch damals noch Kriegsgefangene gemacht? Eines Abends, als ich mit einem eben gegen einen alten Pullover eingetauschten Sack Erdäpfel auf dem Rücken heimging, kam ich an eine französische Wegsperre und wurde in eine Scheune beordert, wo schon viele Männer vergattert waren. Gegen Vorweisen des Wehrpasses wurde ich sogleich freigelassen. Wurden andere gefangengenommen? Von den Einheimischen und von unseren Freunden fehlte niemand.

Schon nach wenigen Tagen kam General Bethouard nach St. Anton und zog in das schönste Haus ein. Aber nicht auf lange. Denn die Amerikaner räumten ganz Tirol und Bethouard ging nach Innsbruck. Bald hörte ich, daß mein älterer Kollege, Gesandter von Blaas, von ihm herangezogen worden sei. Als Oberjägermeister? Als Mundschenk? Als irgend etwas halt.

In Wien wurde eine provisorische Regierung gebildet. Und so mußte ich daran denken, dorthin zurückzukehren. Von meiner Mutter und meinem Bruder war ich ohne Nachricht. Daher wollte ich zunächst nach Traunkirchen gehen, wo wir uns nach Kriegsende Rendez-vous gegeben hatten. Also packte ich wieder meinen Rucksack, ging früh morgens zum Bahnhof und wartete. Im ersten nach Osten fahrenden Zug stieg ich in einen Viehwaggon und gelangte so am Abend nach Innsbruck. Tags darauf kam ich bis Kitzbühel. Ich wußte, daß meine Lieblingscousine, die zauberhafte Nena, im Tennerhof war. Also wanderte ich dorthin. Durch das offene Fenster sah ich in die Stube. Da saß sie im Kreis von Freunden. Und – boys will be boys – ich sprang durchs Fenster. Der Knalleffekt nahm eine unerwartete Wendung. Blaas war da. Er war entsetzt, mich zu sehen. Ich sollte sofort, am besten noch in dieser Nacht, in die amerikanische Zone abhauen. Denn die Franzosen wollten mich verhaften. Das wisse er aus erster Hand. Also stieg ich am nächsten Tag wieder in den ersten besten Viehwaggon und fuhr zurück nach St. Anton. Ich hatte nicht Not zu flüchten, und ging dorthin, wo ich gemeldet und mit den Franzosen in Verbindung getreten war. Wochenlang wartete ich auf die Verhaftung. Schließlich wurde es mir zu dumm. Ich packte wieder meinen Rucksack, stieg in einen Viehwaggon und fuhr nach Innsbruck. Dort ging ich zu Blaas.

»Wer hat Dir gesagt, daß ich verhaftet werden soll?«

»Der Chef des französischen Geheimdienstes selber.«

»Dann führ mich, bitte, zu ihm.«

Er wehrte sich lange, aber ich gab nicht nach. So gingen wir in des Löwen Höhle.

»En effet. Es lag eine Anzeige gegen Sie vor. Inzwischen aber sind unsere Leute nach Wien gekommen und der Sache nachgegangen. Sie konnten alles klären. Kein Schatten eines Verdachtes lastet auf Ihnen.«

Also ging ich wieder zum Bahnhof. Und siehe! Ein richtiger Personenzug brachte mich nach Attnang. Wie ich dann nach Traunkirchen gekommen bin, weiß ich nicht mehr. Dort fand ich in dem von der NSDAP geräumten Haus meinen Neffen. Von meiner Mutter und meinem Bruder keine Nachricht.

Also weiter nach Wien. Dazu brauchte ich einen Passierschein der US-Kommandantur in Linz. Also auf nach

Linz. Aber die Amerikaner waren unerbittlich. »Wenn sie schon Selbstmord begehen wollen, so nicht mit unserer Beihilfe.«

Also zurück nach St. Anton. Die Fahrt war mühsam. Am ersten Tag kam ich bis Salzburg, am zweiten nur wenige Kilometer bis Konkordiahütte (Sulzau-Werfen). Wie es dann weiterging, ist mir entfallen. Ich weiß nur, daß ich in der Ecke eines Viehwaggons das Stanzertal zum Arlberg hinauffuhr. Das war schon schlecht. Denn im Viehwaggon muß man in der Türe sitzen und die Füße baumeln lassen. So fährt sich's schöner als im Luxuszug. Denn so erlebt man die Fahrt am reichsten; besonders im Sommer, wenn es auf den Wiesen und am Waldrand blüht. Aber im Viehwaggon stehen ist langweilig. Langweilig? Wie man's nimmt. Aussicht hat man keine, aber man kommt oft und schwungvoll in Kontakt mit anderen. Je nach Temperament führt das dann zu bewegten Auseinandersetzungen. Wer, so wie ich damals, in der Ecke steht, hat es leichter. Er kann sich anlehnen. Aber er kann die Püffe seiner Nachbarn nicht auspendeln lassen. Er wird an die Wand gedrückt. In dieser Lage kam mir plötzlich ein fürchterlicher Gedanke. Wo ist mein Wehrpaß? Ich suchte in allen Taschen. Ich kramte im Rucksack. Nichts. Wann hatte ich ihn zuletzt? In Salzburg schlief ich bei Freunden am Boden auf einer Matratze. Unter diese Matratze hatte ich ihn gelegt, und dort hatte ich ihn liegenlassen. Für drei Kreuzer Verstand, und ich wäre umgekehrt, um das kostbare Dokument zu holen. Aber nein! Das war mir zu langweilig. In West-Österreich begann die Post zu funktionieren, und ich verließ mich darauf, daß meine Freunde mir den Wehrpaß schicken würden. Einstweilen ließ ich mir vom Gemeindeamt St. Anton eine Bestätigung ausstellen, daß ich einen Wehrpaß hatte und seinen Verlust angezeigt habe. Ein spärlicher Ersatz.

Inzwischen war Louis de Monicauld, mit dem ich seinerzeit in Prag befreundet war, als diplomatischer Berater Bethouards in Innsbruck eingetroffen. Also packte ich wieder meinen Rucksack, fuhr nach Innsbruck, erklärte meinem Freund, daß ich es eilig hätte, den Dienst wieder aufzunehmen, und in kaum zwei Stunden kam ich mit einem französischen Militärflugzeug in Wien an. Ohne Wehrpaß, ohne irgend ein gültiges Dokument. Und unsere Wohnung lag in der russischen Zone. Ein bodenloser Leichtsinn! Aber auf den Gedanken, daß mir etwas passieren könnte, kam ich damals nicht. Und Dumme haben Glück.

Ein französisches Militärauto brachte mich in die Stadt. Seit Karsamstag hatte ich keine Nachricht aus Wien. Und inzwischen war es Ende September oder gar Anfang Oktober geworden. Wie damals in den Bombenzeiten näherte ich mich der Wohllebengasse mit Herzklopfen. Das Haus stand. Von der Hausbesorgerin hörte ich, daß meine Mutter vor wenigen Tagen nach Traunkirchen gefahren sei. In der Wohnung war alles in Ordnung. Kein Russe hat die Schwelle überschritten, an der meine Mutter stand.

Am nächsten Tag ging ich auf den Ballhausplatz und meldete mich zum Dienst.